一口法話
阿弥陀経を味わう三十六篇

＝増補改訂版＝

藤枝宏壽

永田文昌堂

増補改訂版によせて

『阿弥陀経を味わう三十六篇』の初版が刊行されて以来はや十七年になりますが、その間お陰さまで好評を得て七刷りまで版を重ねてまいりました。

ある読者は次のように書評されています。

「この本の特徴としては、見開き2ページを一篇としてまとめられているところで、こうした行数に制限をつける書き方は苦労が多かったと思われる。そのお陰で言葉がリズミカルで、豊富な内容に比して読みやすさは抜群である。また、なるべく専門用語を用いない編集方針により、一般の門徒さんや、今まで仏教と縁の少なかった人にも分かり易く読め、無理なく腹におさめることができる」

（小笠原信水氏）

お陰様で、一般の読者はもちろん、寺院から門信徒さんへの施本にされたり、仏教研修会や聖典講座（筆者も近在の二本山で十回と十四回講話）でのテキスト・参考書として用いられたりして、多くの法縁に連なることができました。

この度第七刷りの在庫僅少を知り、この「ロングセラー」が継続されるよう、増補改訂版として出版することになりました。次の基準によります。

(1)本文は初版のままとするが、誤記、不適切表現は修正する。

(2)語句や記載事項について説明を要するものについては、本文中に注番号＊(　)をつけ、巻末に補注を増補する。(ご面倒でも是非参照していただきたい)

(3)その他、新しい参考記事を増補する。

どうぞ初版に変わらぬご愛読をいただきますよう念じています。

平成二十九(二〇一七)年二月

著者　識

（初版）はしがき

阿弥陀経はいろいろな仏事に用いられるお経ですが、そこに何が書いてあるのか知らずに過ぎることが多いようです。本書は阿弥陀経を三十六のポイントでとらえ、その経意を味わおうとするものです。次の点に配慮しました。

一　一つの話は簡潔にする（読んだり、聞いたりしやすくなるよう）

一　なるべく具体例をもりこむ（ポイントがよく味わえるよう）

一　真宗人の立場で経意を味わう（読み違えをしないよう）

一　余り専門的にならない（門徒・一般の方々にも読みやすいよう）

この細やかな試みが、阿弥陀経の〝メッセージ理解〟に少しでもお役に立ち、我々の会のねがい（「あとがき」参照）に通ずれば幸いです。

お育て・ご協力のご縁をいただいた方々に深く御礼申しあげます。

平成十二年五月

著者　識

目次

一　これだけは　――無問自説の経――

いままで休まず日曜学校に通っていたA太郎が、ここ何週間か日曜日には部屋に閉じこもり、お寺に行っていない。それを父親がとがめて厳しく叱った。

「だって友達がみな受験勉強をしている。僕だって・・・」とA太郎は泣きながら口答えをした。中学への試験を受けようとしているのだ。何も遊んでいたのではない。どこが悪い！涙が止まらない。

「よし、それほどくやしいのなら、どうしてもこれだけは言っておきたい」

こう言って父親が話したのはA太郎誕生の秘密だった。

「お前のお母さんが身ごもったとき、家族中が喜んだ。しかし妊娠中毒がひどく、医者は中絶を勧めた。だがお母さんは『私はどうなってもよい。この子を闇に落としたくはない。この世に生まれさせ、仏法の光りに遇わせたい』そう言いきってお前を産み、間もなく死んでいったのだ。日曜学校へいくこと、仏法に遇うこと、それがお前の亡き母さんの願いだったのだ」

Ａ太郎がそれからは熱心に仏法を聞くようになり、やがて立派な産婦人科の「念仏先生」になったという。*(1)

「どうしてもこれだけは言っておきたい」――その願いが釈尊のお心に高まってきた。提婆《だいば》が背き、阿闍世《あじゃせ》が王舎城の悲劇を起こし、毘瑠璃《びるり》が釈迦族を滅ぼす――世は濁り、人の心は濁りきっている。*(2)このような時機に相応する法は、阿弥陀仏の本願より他にない。今こそこれを説かずにはおれない。

晩年の釈尊はこうして、舎利弗《しゃりほつ》を相手として阿弥陀経を説かれたのである。このお経には「舎利弗」が三十八回出てくる、その中三十五回が「舎利弗よ」との呼びかけ。舎利弗の答はないが、釈尊が「どうしてもこれだけは」と、問いかけもないのに、止むに止まれずして自から説かれた「本音」のお経が『仏説阿弥陀経』なのである。仏の本音をよく聞かせていただこう。

二　ただ一つ　――祇園精舎――

お前さん　今一番何がほしい　あれもこれもじゃだめだよ
いのちがけでほしいものをただ一つ　的をしぼって言ってみな　（相田みつを）

すごい言葉だ。人間究極の価値を問うている。

インド北部、コーサラ国*(3)の須達多《すだった》長者は慈悲深い人で、**孤独**な人々にも物を**給**《あた》えていた。だから別名を「給孤独《ぎっこどく》」という。ある時マガダ国*(3)の王舎城へ出かけていき、釈尊のご説法を聞いて深い感銘を受ける。このような尊いみ教えはもっと聞きたい、コーサラ国の人々にも是非聞いてほしい。それには釈尊を始め、仏弟子方がお住まいになる精舎がなくては…

帰るとさっそく長者は舎衛城のあたりを探し、祇陀太子《ぎだたいし》の樹林を最適地と見こんでわけてほしいと頼むが、太子も愛好の林だといって譲らない。しかし長者はねばる。太子は冗談半分に「では、金貨を敷き詰めた分だけ林を譲ろう」と答える。長者はすぐさま車に金貨を積んで運ばせ、どんどん敷き始めた。

長者のこの熱意には祇陀太子も深く感じ入って、残りは快く提供する。やがて舎利《しゃり》弗《ほっ》が建築指導者として迎えられ、祇園《ぎおん》（詳しくは祇樹給孤独園《ぎじゅぎっこどくおん》）精舎《しょうじゃ》ができあがったのである。王舎城の竹林精舎と相ならぶ仏教伝道の一大拠点として、釈尊は二十三年間この祇園精舎におられたという。

須達多長者が全財産をかけてでも、いのちをかけてでも求めた「ただ一つのもの」とは何であったろうか？　いうまでもなく仏法である。心の真の安らぎである。仏法に遇わなければ人間として生まれた価値はないと教えるこの「祇園物語」、あれもこれもと右往左往している現代人こそ、心して耳を傾けるべきであろう。

阿弥陀経はこうして、祇園精舎で釈尊によってその晩年、沢山の仏弟子たちを相手に説かれた。それを「このように聞きました」（如是我聞）と阿難が語るのである。

三　こわれぬ宝　――釈尊と眷属――

阿弥陀経には舎利弗以下十六人の阿羅漢《あらかん》(さとりを得た聖者)がでてくるが、その中に釈尊の身内出身が何人もおられる。それは、釈尊がお覚りになられてから五年後、故郷のカピラ城に帰られて説法をなさると、眷属《けんぞく》が次々と出家されたからである。その中でも釈尊の一子ラーフラ(羅睺羅《らごら》)の出家には次のようなエピソードがある。

「ラーフラよ、そなたのお父上が帰ってこられたよ。宝物をお貰い」と釈尊の元《もと》妃《きさき》ヤショーダラがいう。「よろしい、進ぜよう」と釈尊。「ところで、ラーフラよ、すぐに壊れる宝と、いつまでも壊れない宝とどちらがよいか」「もちろん壊れない宝をいただきとうございます」「では、ついて来なさい」と釈尊は言って、ラーフラを出家させられたという。舎利弗について修行した羅睺羅はやがて密行《みつぎょう》第一の仏弟子になった―ついに「こわれぬ宝」を獲得したのである。

難陀《なんだ》は釈尊の母違いの弟である。また長年釈尊の侍者となった多聞第一の阿難《あなん》

（陀《だ》）は釈尊の従弟であり、晩年釈尊に反逆した提婆《だいば》（達多《だった》）と兄弟である。阿㝹楼《あどろ》駄《だ》も釈尊の従弟であり、失明して悟りを得たという。

釈尊一門の出家（*＝阿弥陀経十六比丘の一、**太字**＝出家）

- 師《し》子頬《しきょう》王
  - 浄飯《じょうぼん》王
    - **釈尊** とその妃（**ヤショーダラ**）——***羅睺羅（ラーフラ）**
    - ***難陀** とその母（**マカハジャハダイ**）
  - 白飯《びゃくぼん》王
    - ***阿難（陀）**
    - 提婆
  - 斛飯《こくぼん》王
    - 摩訶那摩
    - ***阿㝹楼駄（阿那律）**
  - 甘露飯《かんろぼん》王
    - 婆婆
    - **跋提**

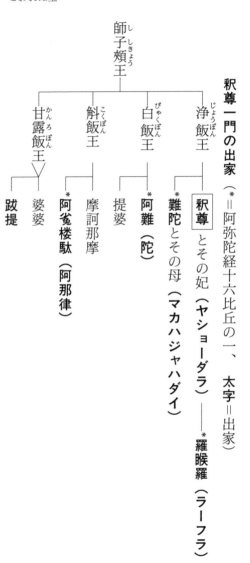

四　求めれば　――舎利弗・目連――

インドのマガダ国、王舎城近くにサンジャヤという懐疑論者がおり、その高弟の舎《しゃ》利弗《りほつ》と目連《もくれん》は仲のよい友達であった。かねがね竹林精舎で説法しておいでになる釈尊に心ひかれていた。

ある日舎利弗が一人の修行者が清々しく気品のある姿で王舎城を托鉢しているのに出会う。聞けばアセッジという名の釈尊の弟子。どのような教えを聞いているのかと問えば「諸法は因縁によって生ず」という短い偈文が返ってきた。

舎利弗はそれを聞いて目のさめる思い、さっそく目連とともに二百五十人の弟子をつれて竹林精舎に入門したのであった。真実の道を求めれば、機縁は熟するもの。舎利弗は入門後半月で阿羅漢になり、智慧第一の仏弟子となったのである。

因《ちな》みに、摩訶倶絺羅《まかくちら》*(4)は舎利弗の母方の叔父であり、離婆多《りはだ》は舎利弗の弟である。舎利弗の影響の大きさがうかがえる。

他方、目連（目犍連《もつけんれん》）は神通第一といわれるまでになった。ある時、その神通力で亡き母を尋ねたところ、餓鬼道に落ちて苦しんでいる。驚いて釈尊に救いを乞う。するとと「雨季の修行（安居《あんご》）の終わる七月十五日に衆僧を供養するがよい」との仰せ。そのとおりにすると母親が救われ、目連は躍り上がって喜んだという。これが盂蘭盆《うらぼん》会《え》（歓喜会《かんぎえ》）の由来だと伝えられている。

因みに盂蘭盆とはウッランバナというインドの言葉で、「倒懸《とうけん》」（さかさにつるす）という意味である。体だけでなく、心も「さかさ」になっていると大変だ。「諸法は無我である」といわれるのに、「おれが」という「我」を立てているとしたら、その姿が「倒懸」であり、苦のもとであると教える話である。

こうして真実を求めていった舎利弗、目連二尊者を始めとする「大比丘衆千二百五十人」（三迦葉《かしょう》の率いてきた千人と舎利弗・目連のつれてきた弟子二百五十人など）に対して阿弥陀経が説かれていくのである。

我々も心して「求めて」聞かせてもらわねばならない。

五　愚にめざめて　——周利槃陀伽——

「おじいさん、はやく二階の客部屋へ行ってみてきておくれよ。きっと夕べの客は財布を忘れていったはず。あれだけ茗荷《みょうが》を食べさせたんだから」

そう言われて宿屋の亭主は、客の部屋へ。布団や枕の下を探すが何も残っていない。がっかりして帳場に戻ったとき、ふと気づく。

「おい、お婆さん、大変だ。客は宿賃払うのを忘れて行った！」

—これは「茗荷宿」という落語のおちであるが、「茗荷」と「物忘れ」との結びつきは、どうやら仏弟子周利槃陀伽《しゅりはんだか》（チュラパンタカ）へのこじつけらしい。

チュラパンタカは生来もの覚えが悪く、自分の「名」を「荷札」に書いて、つけて歩いたというほどであった。いっしょに仏門に入った兄のマハーパンタカは聡明で、お経の一文一句も覚えられない弟が恥ずかしくてしようがない。とうとう怒って追い返そうとする。

泣いて帰ろうとしているチュラパンタカの前に、釈尊がすっとお立ちになる。「チュラパンタカよ、帰らなくてもよい。お経を覚えなくてもよい。そのかわりこのホウキで毎日精舎《しょうじゃ》の掃除をしなさい。ただ一つ『塵《ちり》を払い、垢《あか》を除かん』とだけ唱えるんだよ」　温かい釈尊のお心に救われたチュラパンタカはそれから毎日一心にこの「ホウキの行」に励んだ。明けても暮れても「塵を払い、垢を除かん」の繰り返し。いかに愚かなチュラパンタカにもやがてその句が身についてきた。そしていつしかその句が心の光りとなった。

「そうだ、お釈迦様は精舎の塵や垢のことを言われたんじゃない。私の心の塵を払い、垢を除けと言われたのだ！」

わが身の愚かさに眼の開けたチュラパンタカは悟りの境地が進み、やがて大衆から尊敬・供養される大阿羅漢になったのである。

自ら「愚禿」と名乗られた親鸞聖人のこと、また法然上人の「浄土宗の人は愚者になりて往生す」というお言葉が思い合わされてならない。

六　心の眼　――阿㝹楼駄――

「どなたか福徳を愛してこの針に糸を通してくださらんか」

阿㝹楼駄《あどろだ》（アヌルダともいう）は針と糸を両手に差し出していう。衣のほころびを縫いたいのだが、如何せん、彼は目が見えなかった。

仏弟子となったはじめのころ、アヌルダは釈尊のご説法中によく居眠りをしたので、釈尊からきびしいお叱りを受けた。これで深く反省し自覚したアヌルダは、それ以後夜も眠らずに修学に励んだため、ついに失明してしまったのである。しかし、肉眼の光は消えたが、そのためにかえって心の眼が開け、やがて天眼第一の尊者となる。今はその修行の一コマである。

「よろしい。わたしが通して進ぜよう」

「えっ。そのお声はお釈迦様！　何と勿体ない。世尊はすでに福徳円満な仏陀でいらっしゃいます。それ以上功徳をつまれなくてもよいのでは…」

「いや、無上のさとりを得たものこそ、功徳を積むに終わりはない。これまでに私が受けた限りない功徳を思えば―」と釈尊の仰せ。これを聞いたアヌルダの閉じた目からは熱い涙がとめどなく流れ出るのであった。

◇　◇　◇

「先生、そりゃ見えたら一遍お母ちゃんの顔が見たいわ。だけどもし見えたら、僕なんかあれも見たい、これも見たいということになって、気が散ってだめになってしまうかも分からんわ。見えんかって別にどういうこともありゃせん。先生、見えんのは不自由やぜ。でも僕な、不幸と思ったこと一遍もありゃせん。先生、不自由と不幸とはちがうんやな」

これは東井義雄先生が紹介されている盲学校小学六年生の言葉である。「不自由と不幸とはちがう」―子供なりになんと心の眼が開けていることよと感動する。きっと彼の母親の愛情が開かせたにちがいない。

凡夫の心が開けるのも仏の大慈悲あればこそではなかろうか。

七　落ち着くところ　――従是西方――

あるお寺に「日暮飛鳥還」[*(5)]（日暮れて飛ぶ鳥還《かえ》る）と書いた扁額がかけてある。何でもない夕暮れの風景のようだが、よく味わってみると深い意味がある。最後の「還」の一字がなかったらどうだろう。日が暮れても鳥は飛びつづけるのだろうか。「還」るところがあるからこの一句は落ち着くのである。

この「還」るところ、落ち着くところを示すのは西に沈む夕日であろう。赤々ともえて山の端に、地平・水平に沈んでいく日輪をみて、感動を覚えない人はあるまい。活動（「飛」）の一日が終わっていく。いろいろのことがあった。しかし、今それらのすべてを包み込み、受け容れて、名残惜しさに満ちながら、還るべき世界へ還っていくのである。

やはり、その方向は「西」であろう。東や南では落ち着けない。

「これより西方に十万億の仏土を過ぎて世界あり。名づけて極楽という」と阿弥陀経にあるのも、人間の心情からみて自然な表現ではなかろうか。理屈をいえば仏のお覚りの世界は「十方仏国浄土なり」であろう。また科学的には「地球は自転」しているのであり、地球は丸く、西へ行けばまた東に戻ってしまう。しかし、我々人間の実感としてはやはり、地平のかなたに夕日が沈む、そこに感動を覚え、心が落着くのである。その実感に訴えて「西方浄土」は象徴的に説かれている。人間の欲望や計らいを遥かに超えた（「過十万億仏土」）仏の清浄なる国土である。凡情に添いながら真実へ導き入れようという仏のお手立てがありがたい。

ところが、現代の小学生で夕日をみたことのない者が、五割いるという。ビルの谷間で見えない、塾にいっている時間だから見ていない、というそうだ。人間としての深い感情や心に潤いをもたない子供が、ただ机上の知識をつめこみ、ゲーム機の仮想現実《ヴァーチャルリアリティ》の世界にのめりこめば…　その結果や恐るべし。

「夕日の中に浄土を想え」と観無量寿経でも教えている。西に沈む夕日をみて落着きを得る人は、それだけ心が豊かなのである。自分のしあわせだ。

八　聞こえてくる　――今現在説法――

讃岐《さぬき》の庄松《しょうま》さんが親の法事で三部経をいただいているときのこと、「ハイ、ハイ」と返事をしながら聞いている。周りの人はあのむずかしい漢文のお経が、読み書きもできない庄松さんにどうして分かるのだろうといぶかり、お経がすむとさっそく尋ねた。

「庄松さんよ、お前さん返事をしながらお経を聞いていたが、何と書いてあったのかわかったのかい」

すると庄松さんの即答。「わからいでかい。『庄松をたすけるぞ、庄松をたすけるぞ』と聞かせてもろうたことよ。ありがたい、なんまんだぶ」

極楽（安楽・安養）とは法蔵菩薩の四十八願により建立された阿弥陀仏の浄土である。あらゆる衆生を救いたいという仏の願心によって成就され、荘厳されている浄土であるから、その国土も菩薩も「其の土にまします」（阿弥陀）仏もみな、今現に我々にむかって説法されている活動相なのである。決して遠くかけ離れた所で我々が来るのをじっと待っているという静的な固定的な存在ではない。

そのダイナミックなはたらきが庄松の聞いたお経であり、口からこぼれでる念仏であろう。親鸞聖人は名号を「本願招喚の勅命」なりといただいておられる。

ただ問題はその説法のお声、招喚のみ声がどうしたら聞こえてくるのかということ。答えは明瞭。聞くことである。自分から聞こうと仏法聴聞に踏み出すことが先決問題だ。

テレビの電波は見えないが、たえず空を飛び交い、活動している。そのことはテレビのスイッチをいれ、チャンネルを合わせたらわかる。いやでも電波の方から声・映像となってテレビに飛び込んでくる。しかしまずスイッチをいれない者には、どんなに面白い電波もなきに等しい。

要は、まず「聴聞」というスイッチをいれること。そしてチャンネル[*(6)]を正しく合わせること。それが「今現在説法」の喚び声の聞こえる前提条件なのである。

九　比較病　――青色青光――

長崎の佐々真利子さんは幼いときから小児麻痺の不自由な身、さらに二十四歳でカリエスにかかり寝たきりとなった。信心深いお母さんの一念で、藤原正遠《しょうおん》先生が枕《ちん》頭《とう》法話に見えた。病の苦しみを訴える真利子さんに先生が言われる。

「あなたは人と比べるから病気が苦悩になるのです。みかんはみかん、りんごはりんご。比較病になってはいけません」

「でも私は絶対安静なんです。こんなにつらいことは…」

「そんなに寝ているのが嫌なら、起きて歩きなさい」

「えっ！　起きて歩けるくらいなら、こんな苦悩はしません！」

真利子さんはかっとなっていう。すると先生はやさしく「そんなら寝ときなさい。そこが今あなたに仏さまがお与え下さったたった一つの、一番楽な仏のみ手の真中《まんなか》です。お念仏なさい。お念仏がそうだったことを教えてくださいます」

こうして真利子さんの聞法が始まり、爾来四十余年、尊い念仏生活をおくられ、*(7)仏法弘宣《ぐせん》にも活躍されたのである。

私たちは幼少のときから、きょうだいや友達と比較し、競争しながら成長してきた。だから「比較病」は持病になっている。他と比べて自分がよい時には優越感にとらわれ、悪い時には劣等感に悩まされる。「はらだち、そねみ、ねたむ心」もそこから出てくる。「台風がそれた。このあたりはいい所だ、ありがたい」「これぐらいの不幸はまだましだ。あの人たちをみなさい」などと、他人の不幸を材料にして喜ぶのは比較病の末期症状である。

浄土の七宝の池には車輪のように大きな蓮が咲き、「青き色には青き光、黄なる色には黄なる光…」を放っているという。青は青に徹したときに光る。隣の黄を羨《うらや》んでいては青の光は出てこない。我一人に徹することができるのは「本願」という如来の大いなる力に我、生かされてありと気付き、ゆだねることが出来たときである。如来の光が青を通して青の光となる。青の力みではない。

一〇　敬いの心で　――供養――

「供養」というと、葬儀や年回忌法要のとき会葬者や参会者に贈る品物選びで苦労したことを思いだしたり、あるいは亡くなった人への読経のことと思う方もあろう。一体「供養」の本来の意味は何であろうか。

阿弥陀経には「極楽浄土には昼夜六回曼陀羅《まんだら》という天上界の花が降りそそぎ、菩薩方が毎朝その美しい花を器《うつわ》に盛り、他の国々の数限りない仏さまに供養をする」とあるし、無量寿経にも浄土の菩薩方が、飯食《たべもの》や華、香、灯《ともしび》、天蓋、旛《はた》などで諸仏世尊を「恭《うやうや》しく敬い供養する」ことが説かれている。しかも四十八願の中には、浄土の菩薩はごく短い時間で十方の諸仏を供養できること、また供養のための品が望み通りに得られるようにという誓願がある。

供養とは本来仏さまの身に必要なもの、仏さまのたたえとなるものを敬いの心で捧げまつることなのである。

釈尊が覚りを得られる前、苦行をやめて尼連禅河《にれんぜんが》に入り沐浴されたが、力つきて倒れられた。そこへスジャータという村の娘が牛乳粥《がゆ》をもってあらわれ、釈尊に供養する。釈尊は体力を回復されて菩提樹のもとに坐られ、ついに正覚を開かれた。これが有名な供養の第一話。そして最後の供養がまた劇的である。

八十歳になられた釈尊は生まれ故郷カピラ城の方に教化の歩みを向けておられた。パーバ村の鍛冶屋チュンダは、釈尊を敬い、できる限りのご馳走を供養した。ところがどうやらその食べ物にあたられたらしい。大変な腹痛に悩まれた釈尊はとうとうクシナガラの沙羅双樹《さらそうじゅ》のもとで涅槃《ねはん》に入られようとする。チュンダは泣いてお詫びをするが、釈尊は言われた。「何も心配はいらない。お前の供養はスジャータの供養と同じように実に尊い功徳である。まごころから供養してくれたのだから」と。

供養の本質は「敬いの心」である。一切衆生の供養を受けられる「大応供《だいおうぐ》」（阿弥陀如来）に「帰命」というお敬いの心でご供養もうしたいものである。

二　ともに生きる　――共命之鳥――

明治時代、昭憲皇太后に仕えた歌人税所敦子《さいしょあつこ》さんにこういう逸話がある。姑さんが相当に厳しい人で〝嫁いびり〟がひどく、世間でもそのことが噂されていた。ある日のこと、敦子さんが針仕事をしているとその背後から姑さんの鋭い声がする。

「敦子さん、聞いたわ。人が私のことを鬼婆って言っているって。だれが言いふらしているの。私いま『鬼婆なりと人はいうなり』って下の句を作ったから、さああんた、上の句をつけて答えなさい。歌詠みさんなんだから」

いきなり切り込まれた敦子さん、一瞬たじろぐ。しかし落着いて間髪をいれず「仏にも似たる心を知らずして」と上の句を詠んだ。上下を続けると

「仏にも似たる心を知らずして　鬼婆なりと人はいうなり」となる。この歌にはさすがの姑さんもまいった。それ以後は心を改め、仏法を聞く身になったという。

人間とは「人と人との間を生きるもの」、「関係を生きるもの」、「共に生きるもの」だと聞く。しかし、愛するもの、都合のよいものと共に生きるのならたやすいことだ。問題は不都合なもの、嫌なものと共に生きていかねばならぬときにどうするかである。四苦八苦にも「怨憎会苦《おんぞうえく》」（怨み憎むものに会う苦しみ）とあるとおりだ。

阿弥陀経に出てくる六美鳥の一つ共命《ぐみょう》（ジーバンジーバカ）という鳥は、胴体が一つで頭が二つ。ところがその二つの頭が仲が悪く、互いにつつきあう。あるとき片方がたまりかねて、相手に毒を食べさせたが、胴体は同じだから毒がまわり両方とも死んでしまった。だから気に入らぬ相手であっても仲良く暮らさねばならぬ―それには仏の教えを聞かねばならぬと教えるのが共命鳥だという。

阿弥陀如来は「十方の衆生」を救わんと誓われている。そうすればどの人もどの人もみな同じ「仏の子」と拝めるのではなかろうか。

・みな死ぬる　人と思えば　なつかしき　（木村無相）

二　三つの宝　――念仏念法念僧――

「ガンダクーテイ、ガンダクーテイ」

茶褐色の衣をつけた案内のスリランカ僧の声に力がはいる。ここはインドの祇園精舎—その中でも一番大切な場所がガンダクーテイ、釈尊がお住まいになったところである。二十メートル四方ぐらいあろうか、その中心にレンガが小高く積まれ、金箔がはってある。そこで例の僧が三唱したパーリー語の三帰依文が耳の底に今も響く。

「ブッダン　サラナム　ガッチャーミ
ダンマン　サラナム　ガッチャーミ
サンガン　サラナム　ガッチャーミ」

日本語でいえば「自ら仏に帰依したてまつる、自ら法に帰依したてまつる、自ら僧に帰依したてまつる」という意味だ。仏・法・僧の三宝に帰依するというのは、世界中の仏教徒に通ずる基本姿勢である。日本でも聖徳太子が「篤く三宝を敬え」と十七条憲法の中で宣《の》べられたことは有名な話だ。この帰依三宝を浄土真宗でいただくならば、次のような〝門徒信条〟となろう。

一　光といのちきわみなき　阿弥陀如来を尊みて　ひたすら帰命いたします

一　仏の願いのお真実《まこと》を　この身に深くいただいて　生涯　聞法につとめます

一　ご恩よろこびみ名となえ　同朋《はらから》ともに助けあい　み法《のり》を社会にひろめます

礼拝と聞法と実践である。どれが欠けてもいけない。礼拝がないと驕慢《きょうまん》になる。聞法がないと迷信になる。実践（念仏生活）がないと観念に終わり、仏法が生きてこない。

阿弥陀経には「念仏・念法・念僧」と二回出てくる。極楽浄土で美しい鳥の声をきく者、そよ風が木々をわたっていく妙音をきく者は皆、自《おの》ずと三宝帰依の心がおきると説かれている。三宝帰依を一口でいえばお念仏。見るもの、聞くものがみなお念仏になる世界である。尊く清らかな世界ではないか。

一三　願いひとすじ　――功徳荘厳――

「皆さん、このお内陣のきれいな打敷は何のためにかけてありますか」

昭和三十七年ごろ、あるお寺の親鸞聖人七百回御遠忌での説教で聞いた言葉が大変印象深く、いまだに忘れられない。「仏さまを飾っていると思うでしょうが、ちがう。仏さまが皆さんを荘厳してくださっているのです。打敷はどちらを向いていますか。如来さまの方から皆さんの方を向いているじゃありませんか。」

初めて知った。方向が逆転*(8)した。仏に捧げている、あげていると思っていたものが、実は仏から私に向けられていたとは！

阿弥陀経によると極楽浄土は宝樹《ほうじゅ》、宝池《ほうち》、天楽《てんがく》、金地《こんじ》、天華《てんげ》、化鳥《けちょう》、微風《みふう》などで清らかに荘厳《しょうごん》（お飾り）されている。それは何のためであろうか。「仏さまのお住まいだから立派」なのであろうか。

「舎利弗よ、極楽国土にはかくのごときの功徳荘厳を成就せり」と何回も繰り返されている。「功徳」とは修行の功により積まれた徳ということ。法蔵菩薩が十方の衆生を救わんという大願を発《おこ》され、我々凡夫には計り知れない修行をされて成就されたのが浄土の荘厳である。だから「極楽」そのものも、その荘厳もみなすべて我々「苦悩の有情《うじょう》」を救わんがため「法蔵願力のなせる」ところである。

「西方極楽」がそうであったように、極楽の荘厳もみな我々の凡情に添って真実の世界に導き入れんという如来の願いひとすじの表れである。「弥陀の五劫思惟の願をよくよく案ずれば、ひとえに親鸞一人がためなりけり」といただかれた宗祖のお言葉は如来の願いひとすじを実感されたものであろう。

妙土《みょうど》広大《こうだい》超数限《ちょうしゅげん》　（浄土の広大さを数量では計れない
本願荘厳ヨリオコル　これみな本願よりおこったお荘厳
清浄大摂受《しょうじょうだいしょうじゅ》ニ　あらゆる衆生を清浄の国に摂《おさ》め取る
稽首《けいしゅ》帰命《きみょう》セシムベシ〈浄土和讃〉　阿弥陀如来に帰命いたさねばならぬ）

一四　光といのち　——是故号爲阿弥陀——

苦しむ人間が苦から逃れたいと願うのは自然である。「四苦八苦」というが最初の四苦（生・老・病・死）は人間のいのちに関わるものであり、仏法では「諸行無常」と教える。しかし人間は「死んでもいのちのありますように」と願うのが本心。不老長寿の薬を求めるのは昔の帝王だけではない。今日、医薬のほか、民間薬、自然食品、霊水など、ありとあらゆるものが「延命」のために求められている。その根っこには「いのち永久《とわ》に」という願いがある。

愛別離苦《あいべつりく》（愛する者と別れねばならぬ苦）、怨憎会苦《おんぞうえく》（憎みあう者と会わねばならぬ苦）、求不得苦《ぐふとっく》（求めても得られない苦）、五陰盛苦《ごおんじょうく》（身心の煩悩が盛んである苦）という後の四苦は人間のこころに関わるものであり、それに対して仏法は「諸法無我」と教える。ところが人間はみな我執があり、利己主義である。

私の中のぞいたら　お恥ずかしいが

だれよりも　自分が一番かわいいという思い
こそこそ　うごいている

（榎本栄一）

この詩をみて「自分が一番かわいいのは当たり前だ」という人がいる。「当たり前」というのは開き直りであり、何の罪意識もない。利己主義・我執が諸悪の根源であることに気付いていない。そこに心の闇・無明がある。「お恥ずかしいが」という人には、何とか人みなと一つにとけあっていきたいという願いと、その願いを邪魔しているわが身の我執に深く慚愧《ざんき》している姿がみえる。この詩人は闇を破る光に遇っているのである。

「永久のいのち」の願いに応《こた》えて立たれた仏が「無量寿仏」（いのちはかりなき仏）であり、「人みなとけあいたい」という願いに応えて立たれたのが「無量光仏」（ひかりはかりなき仏）である。「阿弥陀仏」とはその二つの願いを満たされた仏の名であり、阿弥陀経には「彼仏光明無量《かのぶつのこうみょうはむりょう》」「彼仏寿命及其人民無量無辺《かのぶつのじゅみょうおよびそのにんみんもむりょうむへん》」とある。正信偈冒頭の「帰命無量寿如来　南無不可思議光」もその*(9)謂《いわ》れに他ならない。

一五　光の国にいたりては ——一生補処——

極楽へ参って、永久《とわ》の楽しみをえたいと願っていた老夫婦がめでたく往生し、蓮の華に生まれた。見るもの聞くものきれいなものばかり、百味の飲食《おんじき》をいただき、二人で四方山のつもる話を楽しんでいた。ところがそのうちに話の種もつき、極楽の荘厳にもあきてきて、二人の結論は「あゝ退屈だ。来るんじゃなかった!」

これは〝楽しむための極楽往生〟を風刺したある作品である。[*(10)] 旧来の浄土教の流れの中には、そういう「極楽は楽しむところ」と受け取る傾向があったが、親鸞聖人は天親菩薩、曇鸞大師の教えを受けられて、浄土往生とは単に自分だけの楽しみにひたる（自利）という消極的な意味ではなく、阿弥陀仏に等しいさとりをえてこの世に立ちかえり、有縁・無縁の衆生を教化する（利他）という積極的な意義を強調された。いわゆる還相回向《げんそうえこう》という思想である。

これは無量寿経の第二十二願に基づくものであるが、阿弥陀経にもこうある。

「また舎利弗よ、極楽世界に生まれる人々はみな不退転の位に至る。その中には一生補処《いっしょうふしょ》という最上の位の菩薩たちもたくさんいる。その数は実に多く、とても数え尽くすことができない」

「一生補処」とは、一生を過ぎれば仏の位を補うべき地位という意味であり、親鸞聖人は次のような和讃でわかりやすく説いておられる。

安楽無量ノ大菩薩　（阿弥陀仏の浄土にうまれた菩薩方は
一生補処《ふしょ》ニイタルナリ　一生補処という弥陀第一の弟子となり
普賢《ふげん》ノ徳ニ帰シテコソ　普賢菩薩のような衆生済度の徳をえて
穢国《えこく》ニカナラズ化《け》スルナレ（浄土和讃）　かならずこの世を救うはたらきとなる）

正信偈にも「必至無量光明土　諸有衆生皆普化」（光の国にいたりては　あまたの人を救うべし）とある。そして親鸞聖人は、師法然上人を勢至菩薩の化身《けしん》、聖徳太子を観音菩薩の化身と仰がれた。我々の周りにも浄土から来ておられる化身（姿を変えた仏・菩薩）が数多く、今現にはたらきかけておられるのではなかろうか。

一六　ともに会う　――倶会一処――

讃岐《さぬき》の庄松《しょうま》さんの病気が重くなった。法友たちが見舞いにきてこういった。「庄松さんよ、心配しなくていいよ。お前が死んだらちゃんとお墓を造ってやるでな」

するとと庄松さん、苦しい息の下からはっきりこう答えた。

「おらあ、死んだら墓石の下なんかにゃおらんぞ」

「本願を信じて念仏申すものは、浄土に生まれて仏となる」というのが浄土真宗のみ教えの基本である。しかもその浄土は自分一人が生まれるところではない。極楽浄土に生まれるものは
「もろもろの上善人と倶《とも》に一処に会うことを得る」
と阿弥陀経に説いてある。「もろもろの上善人」とはだれであろうか。
よくお墓に「倶会一処《くえいっしょ》」と刻んである。それをみると亡くなった先祖、肉親と浄土

で再会できることだと思うかも知れない。しかし阿弥陀経ではその少し前に「極楽国土には数限りない声聞や菩薩方がおられる」とあり、親鸞聖人も和讃で

弥陀初会《しょえ》の聖衆《しょうじゅう》ハ

算数《さんじゅ》ノオヨブコトゾナキ浄土ヲネガハンヒトハミナ広大会《こうだいえ》ヲ帰命セヨ　〈浄土和讃〉

（阿弥陀仏の最初の説法に集まった

菩薩・声聞は数え切れない浄土へ生まれたいと願う人はみな広大会〈阿弥陀仏〉を帰命すべきである）

と讃嘆されている。自分の身内だけというようなちっぽけな話ではない。愛したもの、親しいものだけという狭い了見ではない。「十方衆生」を迎えんと誓われて成就された浄土であるから、あらゆるものが来生するのである。この世では憎み、怨《うら》みあっていたものも、弥陀の誓願不思議にたすけられて浄土に生まれたら、みなひとしく無上覚をさとる、仏の心になるのである。怨親平等《おんしんびょうどう》の境界である。しかもあらゆる世界の有情を救わんという菩薩行に入っていくのである。

「ものみなと一つにとけあえる世界」が約束されてあるとは…　行先は明るい。

一七　毒まじり　――少善根福徳因縁――

花や鳥や音楽、それに無数の菩薩方で美《うる》わしく荘厳された浄土、しかもあらゆる人々と一つにとけあえる世界、そのような極楽へ生まれんと願えと勧めたあと、阿弥陀経の文はこう説く。

「舎利弗よ、少善根福徳《しょうぜんごんふくとく》の因縁をもっては、かの国に生まるることを得べからず」

〝少善根福徳の因縁〟[*(11)]とは何のことであろうか。親鸞聖人の言葉を借りれば〝雑毒の善（毒まじりの善）〟である。

平成十年七月、和歌山で「毒入りカレー」事件がおきた。町内の夏祭りの日、みんなでカレーをつくって食べたが、中に毒物の砒素《ひそ》が入っていて、四人が死亡、六十人ほどの被害者がでた。それに触発されたかのように、新潟、東京、長野と毒物混入事件が相次ぎ、人々の心を寒がらせたことは記憶に新しい。

どのようなおいしいご馳走でも、一滴の毒が入ればもうご馳走ではない。同じように、どのような善根功徳も〝我執〟という毒が一滴残っていれば（雑《まじ》っていれば）、もはや善とはなりえないのである。それを〝雑毒の善〟と聖人はいわれた。

悪性《あくしょう》サラニヤメガタシ　（私の根性は悪で一生やむことがない
ココロハ蛇蝎《じゃかつ》ノゴトクナリ　わが心は蛇やさそりのように毒をもつ
修善モ雑毒《ぞうどく》ナルユヘニ　善を行ってもその毒がまじるため
虚仮《こけ》ノ行トゾナヅケタル（正像末和讃）　虚仮の行としかいいようがない）

きびしいご指摘である。聖人にそう言われたら、我々の心は毒ばかりだ。このような根性で、どれだけ修行しようと、巡礼しようと、写経しようと、読経しようと、その功徳で怨親《おんしん》平等・絶対清浄の浄土に自分から生まれることは不可能だと経は説く。しかも、その雑毒・我執は一生やまないとすれば、わが力で浄土に生まれることは金輪《こんりん》際《ざい》ありえない。「地獄一定《じごくいちじょう》」（地獄よりほかに行くところがない）のわが身を知れと教えるのが経文の真意であるといただきたい。

一八　聞かねば　――執持名号――

前回、少善根（雑毒の善）では往生できない、自力は無功《むこう》、地獄は一定《いちじょう》、ときびしい話ばかりであったが、実は「凡夫とはかくも救われ難きものであること」を仏さまはもとからご存知。その上で何とか救う道はないかとあらゆる思案を重ね、あらゆる修行をされて、ようやく定まったのが「念仏往生の願」であり、その願が成就したのが南無阿弥陀仏という名号である。

だから阿弥陀経には前節に続いて

「舎利弗よ、もし善男子・善女人ありて、阿弥陀仏を説くを聞きて、名号を執持《しゅうじ》すること、もしは一日、もしは二日、…もしは七日、一心不乱なれば…」

と、一心に念仏することによって極楽に往生する段となる。

しかし、ここで注意すべき大切なことがある。

「溺れるものは藁をもつかむ」というが、今までたすからないと思っていたものが、本願の名号によってたすかるとなると、念仏にしがみつこうとする──「南無阿弥陀仏」と称えればたすかる──念仏は不思議な、魔法のような力をもつ呪文《じゅもん》である──数を多く称えればそれだけ善根福徳も増す。このように思いがちであるが、それは危ない落とし穴。

なぜなら、「阿弥陀仏を説くを聞きて」というところを忘れている。無量寿経には「其の名号を聞く」とある。親鸞聖人は「経に聞《もん》というは、衆生、仏願の生起本末《しょうきほんまつ》を聞きて疑心あることなし」といわれる。どのようにして仏の本願ができあがったのか、だれのためであったのかという一部始終をよくよく聞かせてもらわないと、名号の本当の功徳はえられないのである。

「十方の衆生よ」と救済の願いをかけられたのは、「私一人のためであった」と如来の清浄願心がこの身にしみてこないかぎり、聞いたことにはならない。聞かずに念仏してもそれは呪文でしかなく、真実の浄土には生まれられないのである。

「本願を深く信じて名号をとなうるがめでたきことにてそうろうなり」（末灯鈔）

一九　平生から　――現在其前――

親しい友が茶のみ話で「お迎えがくるまでは…」と何気なく言ったとき、「君にお迎えがくると思っているのか」とつい言ってしまった。私の毒舌に彼は一瞬青ざめてだまりこんだ・・・そして、三十年たった今でもまだそのことにふれ、私を後悔させている。世間では死ぬことを「お迎えがくる」と深く考えずにいっているが、本当にくるのであろうか。

阿弥陀経には、「阿弥陀仏のいわれが説かれるのをよく聞いて、一日乃至《ないし》七日念仏し、一心不乱であれば、臨終のとき阿弥陀仏がもろもろの聖衆《しょうじゅ》とともにその人の前に現れ、その人は心が顚倒《てんどう》しないで阿弥陀仏の極楽国土に往生できる」と説かれている。たしかにそうあってほしい情景である。

しかし、本当に「一心不乱」になれるのであろうか。どれだけ一心に念仏したらお迎えがくるのであろうか。もしお迎えがこなかったらどうなるのであろう。不安がいくらもある。

親鸞聖人は「一心」とは如来の本願を信ずる一心であるといただかれた。如来の光に照らされて地獄行きのわが身の本性が明らかにされ、その救いなきわが身にかけられた如来大悲の本願に深く信順するのが一心。しかも信心をえたとき必ず仏に成るべき身とさだまる、この世から浄土への力強い歩みが始まるのである。「現生《げんしょう》正定聚《しょうじょうじゅ》の位」とはそのことであり、「平生業成《へいぜいごうじょう》」ともいう。

しかも信心の行者はつねに如来の「摂取不捨《おさめとってすてない》」のはたらきの中にあるから、現生から「仏と共歩き」*(12)をしているのである。臨終になって仏のお迎えをまつ必要がない。「臨終まつことなし、来迎たのむことなし」とは聖人のお言葉。

宿業ひきうける力も　いただけていることが　うれしいです
私にはとても出せぬ力が　気がついてみたら　私に寄り添っていて下さる
（鈴木章子「癌告知のあとで」）

二〇　便利

――我見是利――

今日ほど科学技術が進んで生活が便利になった時代はあるまい。交通・通信機関にしても、家庭電化製品にしても、戦前を知る者には隔世の観がある。しかし、便利になればなるほど、危険[*13]もそれだけ増す。よい例が自動車。自動車ほど便利な道具はないが、その裏には事故がついてまわる。日本で二〇一五年には毎年四千人以上の交通死亡者があり、世界全体では年間一二〇万人だという。歩いていた昔、どれだけの〝交通事故〟があったであろうか。便利であったはずの原子力発電は地震・津波で壊滅し、放射能をまき散らしている。便利な殺人兵器核ミサイルが世界で何万発も準備されているという。官庁や会社の中枢にある便利なコンピューターは、たえずサイバー攻撃に怯えている。「便利」とは何か。全幅の信頼をおけるのだろうか。

親鸞聖人は「即便《そくべん》往生」という観無量寿経の言葉を解釈して、「即往生」は真実の報土への往生、「便往生」は仮の浄土への往生であると区別しておられる。「便」の字にそのような意味があるのかと思い辞書で調べてみた。[*14] すると「便＝人のものごとをする召使の意味。ひいて、都合がよいの意」とある。召使は細々《こまごま》したことをさせるのには都合がよいが、大事なことは任されない。だから「便」には本物ではなく、「仮」というニュアンスがある。「便宜」「便法」「便乗」などという熟語をみてもそうだ。するると「便利」も「仮の利益・本物でない利益」にすぎないということになる。

では、本物の利とは何か？人間生死の問題の解決にほかならない。何のために生まれたのか（生きるのか）。死んだらどうなるのか。なぜ私だけが苦しまねばならぬのか…これらの問いに答えるのが経である。無量寿経には、如来がこの世にでられたのは、「群萠《ぐんもう》（衆生）をすくい、恵むに真実の利をもってせんと欲《おぼ》してなり」とあり、今阿弥陀経には「我是《われこ》の利を見るがゆえにこの言《ごん》を説く」とある。

「阿弥陀仏の本願を信じ念仏申さば仏に成る」ことこそ真実の利、大利、是利だと教えられるのである。経の意味をよく聞かねばならない。

二一　踏みつけて　――下方世界――

最近の新聞に古代の遺跡や古墳などが発掘されたというニュースがよく出る。土地開発や道路工事など土木事業が盛んに行われているせいでもあろうか。ともかくもその結果、考古学や史学、人類学など、学問的進展は大きく、また観光開発にもなるであろう。しかし、そういう特別の所だけが人間の足跡であろうか。古墳などは当時の権力者のもの。では一般人の跡はどこにあるのか。

砂漠には「骨道」というものがあるそうだ。数知れぬ先人たちが行き倒れ行き倒れして、その骨で道ができているという。その話を聞いて思う。今何の跡も見えない大地に自分が立っている、我が家が立っている。しかし、その下にはどれだけの先人が生きていったことやら、どれだけの動植物の死骸が土となっていったことやら。我が踏み立つ下はまさに「骨道」ではなかろうか。

阿弥陀経の六方段は、初めて聞く人にも分かるところであろう。「東方世界」から始まり、大陸風に東―南―西―北―下―上と回る。その六方の世界には無数の諸仏がおられて、阿弥陀仏の不可思議の功徳を称《たた》え、その み法《のり》まちがいなしと証言しておられる。

その中でも特に「下方世界」も諸仏に支えられてあるということがありがたい。私のすぐ下では座布団や椅子がだまって私を支えていてくださる。その下に床があり、そして大地がある。この下方からの支えがなかったら、一時も我々は存在できないのである。それらはまさに下方世界の「諸仏」ではないか。

だのに、我々はその諸仏を尻の下に敷き、足の下に踏みつけ、そして、そ知らぬ顔をしている。座布団にお礼をいったこともなければ、大地に額をつけたこともない。幾千万のいのちの上に我は生かされてありと驚いたこともない。こういう恩知らずを「極重悪人」といわれる。下方世界からの教えである。

花を支える枝　枝を支える幹
幹を支える根　根は見えねーんだなあ　（相田みつを）

二三　十の五十二乗　——恒河沙数諸仏——

インドのガンジス河（恒河《ごうが》）というのは実に大きい。パトナ付近で渡った橋の長さは七キロメートルだと聞いた。橋の下は全部砂（沙）であって、石ころなどは見えない。どれだけの砂（沙）の数があることやら、その数え切れない数を「恒河沙数《ごうがしゃしゅ》」という。阿弥陀経には六方のどの世界にも「恒河の沙《すな》の数ほどの諸仏」がおられて阿弥陀仏の功徳をたたえておられると書いてある。

因《ちな》みに「恒河沙」という言葉は塵劫記《じんこうき》によると、「十の五十二乗（一説に五十六乗）」とある。一の後に〇が五十二並ぶ莫大な数だ。とても我々頭のなかでは計算できそうもない。

それほど無数の「諸仏」とは一体何のことであろう。ある講者は我々の先祖だといわれる。一人の人には二人の父母がある。祖父母は四人、曽祖父母は八人…という具合に数えていくと、たった三十代さかのぼっただけでも直接の先祖の総数は理論上二十億人余となる。試みに六千年、二〇〇代前では十の六十乗台という計算だ。恒河沙級の「超数限」(第十三話参照) の話になる。

その無数の先人たちが一人残らず生・老・病・死の苦の中で永久《とわ》のいのちを願い、愛憎、悲喜の矛盾・交錯する人間苦悩の中で一味平等の安らぎを願いつつ、それぞれの一生を終えて逝ったことであろう。

阿弥陀仏の浄土は、そういう「十方の衆生」の根本の願いを成就するために建立された国土であってみれば、無数の我々の祖先たちが、念仏に生き、今は浄土の聖衆・諸仏となっておられるという説もうなづけ、身近に感じられてくる。

秋の夜空に

秋の夜空を　　みてみれば
親しきものの　　往きませる
西の浄土の　　おもわれて
ナムアミダブツ　　もうさるる

(木村無相)

二三　まこと　――説誠実言――

「マリコ　津慶《つよし》　知代子　どうか仲良くがんばってママを助けてください　パパは本当に残念だ　きっと助かるまい・・・津慶しっかりたのんだぞ・・・飛行機はまわりながら急速に降下中だ・・・本当に今までは幸せな人生だったと感謝している」

これは、昭和六十年八月十二日、群馬県御巣鷹山でおきた日航ジャンボ機墜落事故の際見つかったある会社神戸支店長の血染め*⒂の遺書である。余りにも突然襲ってきた死の予告、考えている暇もない。出てくる言葉に飾りはない、ただはらの底から出てきた真言《まこと》だけがしるされている。

「やっと親子になれたような気がする。親父はやっぱり偉かった」と津慶君。いままで単身赴任の父親とあまり対話のなかった長男は、この遺言によって深くめざめたという。人生究極の真言《まこと》のもつ力を感じることである。

「(六方の世界には…○○仏など)ガンジス河の砂の数ほどのさまざまな仏がたが

おられ、それぞれの国で広く舌相を示して、世界のすみずみにまで阿弥陀仏のすぐれた徳が真実であることをあらわし、まごころをこめて〈そなたたち世の人々よ、この《阿弥陀仏の不可思議な功徳をほめたたえて、すべての仏がたがお護りくださる経》を信じるがよい〉と仰せになっている」（『浄土三部経現代語版』より）

これが浄土に往生して諸仏となられた我々の父母や先祖の真言《まこと》（誠実言《じょうじつごん》）と味わわせていただこう。「まこと」とは人生の結論である。あれも、これもといろいろのことをやってきた、言ってきたが、つづまるところはどうしてもこの事一つ。どうか弥陀の本願を聞いてくれよ。あれもこれも大事だと思ってきたが、いよいよ人生終わってみれば、人間最後に頼るべきもの（畢竟依《ひっきょうえ》）はこれ一つ、どうか念仏を信じてくれよと、〝諸仏〟のお勧めは切である。

因幡《いなば》の源左《げんざ》同行は、急死した父親の最後のことば「わしが死んだら親さま（阿弥陀仏）をたのめよ」一つに導かれ、やがて稀有の妙好人《みょうこうにん》（念仏者）になった。まことの言葉の力である。

二四　馴れっこ　――当信是経――

「私は愛生園*(16)（当時ハンセン病の病院）に隔離されて何年もたっていました。阿弥陀経は何遍も読んでいました。『この不可思議の功徳を称讃する一切諸仏に護念せらるる経を信ずべし』と何度聞いたことでしょう。だのに心から信じてはいなかったのです。ところがある日母の亡くなった報《しら》せをきき、阿弥陀経を読んだときには、この『…信ずべし』が胸にぐっとこたえました。今日までどれほど母は私に念仏をすすめてくださったやら…。遠い故郷でどれほど私のことを心配して往かれたことやらと思うと…」

涙にむせびながらこう告白された某氏のラジオ放送は心を打った。

お経をだれかに「あげる」つもりで、ただ棒読みしている。大切なことが書かれているのに、それが自分自身への呼びかけだとは少しも思わない。聞こうともしない。馴《な》れっこになってしまっている。馴れほどおそろしいものはない。お経の声だけ、文字だけ素通りする。阿弥陀さまの今現在説法《こんげんざいせっぽう》（第八話参照）も、それを信ぜよとのお釈迦さまのお勧めもひびいてこない。

「おどろかす甲斐こそなけれ村雀　耳なれぬれば鳴子《なるこ》にぞのる」（蓮如上人）

よくよく心してお経の意味をいただかねばならない。

ところで、お経の意味が耳に入ったからとて、即「信じ」られるとは限らない。そうかといって、お経を聞いていなければ、信じる機縁はなおさら生まれない。ちょうど雨と湧き水のようだ。雨が降ってきても砂地であれば水は流れない。すぐには流れないが、雨がしみこんでおれば、やがてどこかから湧き水となって出てくるであろう。しかし雨が降ってきても、地面に覆いをしてしまって、雨を吸収しなければ、泉が生じることはありえないのである。

やはり、一回一回、心を開いてお経の法雨を吸収することが大切。必ずや「浄土の機縁」が熟し、泉が湧いてくるであろう。なんといっても「信ずべし」という如来の願いがかかった法雨なのであるから―。

二五　呼び出されて　――於汝意云何――

学校の先生が生徒に注意する場合、「皆さん、静かにして」といっても余り効き目がない。「山田君、静かにしなさい」というように、名指しすると、本人はもちろん、クラス全体も静まるという。人間は自分の名がよばれ、「お前」と呼び出されてはじめて目覚めるのであろう。

「昨日まで　他人《ひと》が死ぬると　思うたに　おれが死ぬとは　こいつはたまらん」とうたったのは蜀山人だったか。無常も一般論では身に応《こた》えてこない。わが身一人に迫ってきて初めて目覚めるのである。

この「一人」をお経では「汝《なんじ》」と呼び出される。無量寿経の「汝自当知《にょじとうち》」（そなた自身が知るべきである）、観無量寿経の「汝是凡夫《にょぜぼんぶ》」（そなたは本来愚かな人間なのだ）が有名である。いずれも自覚を呼び覚ます「汝」である。

阿弥陀経では「於汝意云何《おにょいうんが》」（そなたの心でどう思うのか）と二回、大切なところで聞き手の注意をひきつけて問いが発せられる。一回目は「阿弥陀仏」という仏名のいわれをどう思うかという問い（本書第十四話参照）であり、二回目は今、六方段で諸仏の阿弥陀仏讃嘆《たたえ》と証誠《あかし》・護念《まもり》が説かれ終わったところで、この阿弥陀経を「なぜ一切諸仏に護念せられる経と名づけるか」という問いが出る。その問いの直前に今一度「於《お》汝《にょ》意《い》云《うん》何《が》」と聞き手の心を引きしめられる。ここが阿弥陀経の重要な結論であるからだ。その結論を親鸞聖人はこう和讃しておられる。

十方恒沙《ごうじゃ》ノ諸仏ハ　（あらゆる世界の無数の仏方は
極難信《ごくなんしん》ノノリヲトキ　極めて信じがたい念仏の法を説き
五濁《ごじょく》　悪世《あくせ》ノタメニトテ　濁り乱れた世の人々をすくうために
証　誠護念《しょうじょうごねん》セシメタリ　誠のあかしをたてまもってくださる）

「汝」といえば、今ひとつ、善導大師の二河白道にもある。

「汝《なんじ》　一心正念《いっしんしょうねん》にして　直《ただ》ちに来《きた》れ　我《われ》よく汝《なんじ》を護《まも》らん」

阿弥陀如来のこの喚び声、それは私にかけられていることを知らねばならない。

二六　一粒の豆　――聞是諸仏所説名――

今日こそ死んでしまおうと、睡眠薬を買って帰ってきた母親、ムシロの上に敷いた粗末なフトンで枕を並べて眠っている二人の息子の顔を眺める。…と、お兄ちゃんの枕元に一通の手紙を見つける。「…　お母さん、ほんとうにごめんなさい。でもお母さん、ボクを信じてください。ボクはほんとうに一生けんめい豆をにたのです」

夫の交通事故死以来、母親は朝早くから夜遅くまで無我夢中で働いているが疲れてきた。長男は小学四年生、母を助けようと夕食に言われたとおり豆をたいたが失敗したという。

「お母さんおねがいです。ボクのにた豆を一つぶだけ食べてみてください。そしてあしたの朝、ボクにもういちど豆のにかたをおしえてください。…　お母さん、こんやもつかれているんでしょう。ボクにはわかります。お母さん、ボクたちのためにはたらいているのですね。お母さん、ありがとう。でもお母さん、どうかからだをだいじにしてください。先にねます。おやすみなさい」

母の目からどっと涙があふれた。…お兄ちゃんの煮てくれたしょっぱい豆を一粒一粒おしいただいて食べた。たまたま袋の中に煮てない豆が一粒残っていた…それを四六時中肌身はなさずお守りとして持ち、母は健気《けなげ》にがんばり、やがて二児も立派に成人したという。（鈴木健二著『気くばりのすすめ』より）

この母親を立ち上がらせたものは、「一粒の豆」であると同時に、「お母さん」と何回も何回も子が呼ぶ親の名であった。その名は子のために苦労している母への全幅の信頼と感謝を表す。「お母さん」は単なる発音ではない。その名は親の愛情と働きそのものであった。母が子を思い、子が母を思うすべてがその名にこめられていたのだ。阿弥陀経には「諸仏がたたえられる[*(17)]阿弥陀仏のみ名と、この経のみ名を聞く人はみな諸仏に護られて、この上ないさとりに向かって退くことのない位にいたることができる」とある。それは如来六字のみ名「南無阿弥陀仏」に我々へのやるせない願いがこめられているからである。

二七　止むことなし　——阿耨多羅三藐三菩提——

ある年回忌法事でのこと、読経が終わって法話を始めた。「阿弥陀経に出てくる阿《あ》耨《のく》多《た》羅《ら》三《さん》藐《みゃく》三《さん》菩《ぼ》提《だい》という言葉、これはどういう意味だかご存知でしょうか」と問う。皆だまっている。ところが高校生ぐらいの若者が小声でつぶやくように言った。「変身の呪文でしょう」「えっ？　変身の呪文ですって？」「ええ。ヤマトタケシがレインボーマンに変身するときにそう唱えるんですよ」「レインボーマンって何ですか？」「知らないんですか。『愛の戦士レインボーマン』っていう有名なマンガですよ」「へえ…」　恐れいった。このように難しい経文がマンガにでて来ようとは！しかも呪文に〝変身〟しているとは！

「阿耨多羅三藐三菩提」というのは「無上のさとり（無上《むじょう》正《しょう》遍《へん》知《ち》・無上覚《むじょうかく》）」という意味であって、決して呪文などではない。阿弥陀経には四回出てくる。

初めの二回は「諸仏がたたえる阿弥陀仏のみ名、諸仏の護念する阿弥陀経の名を聞く人は、諸仏に護られて、無上のさとりに向かって[*18]退くことのない位にいたることができる」という趣旨であり、後の二回は「釈尊がこの濁った世の中において無上のさとりを得て、この世に信じがたい法をとかれている」という文脈で出てくる。

ある講者は「最上にはここが一番上という終りがあるが、無上（阿耨多羅《アヌッタラ》）にはどこまで上っても終りがない、どこまで精進しても止むことがない」と味わわれている。如来のお覚りは『もうこれで我はさとれり』という自己満足的な完了形ではなく、そのさとりを迷いの衆生に与えて救わんと常に慈悲・利他の行に入っておられる進行形、永遠の進行形である。その働きが南無阿弥陀仏であり、無碍光という「光」の活動相に他ならない。

この「無上覚」のはたらき（南無阿弥陀仏のみ名）に救われいくものはやがて無上覚（阿耨多羅三藐三菩提）を得る身に定まるという経意がありがたい。

二八　人生の方向　――応当発願生彼国土――

私事にわたって恐縮であるが、筆者は十一歳で父と生き別れをした。出征―戦死である。駅へ見送りにきた大勢の大人たちの中に小柄の私は埋もれていた。いよいよ最後の時、父は私を探し出してたった一言「坊、後をたのむぞ」と言ったきり、ついに帰らぬ人となってしまったのである。

長男として、母と弟妹三人を頼むぞ、新発意《しんぼち》として寺の後継を頼むぞ…、父の遺言にはいろいろの意味がこめられていたであろうが、小学五年生で分かるはずはなかった。しかし、思春期を迎え、故郷を離れて進学し、就職、結婚…等、人並みに人生を歩んでいる間に、どれだけの迷い、思い悩むことに遭遇したか知れない。そんな時いつも聞こえてきたのが、「後をたのむぞ」との父の声であった。それは自ずから「寺を維持し、仏法を興隆し、寺族を養育せよ」という指針となって、私の人生の方向を決めてきたのである―結果は恥かしい限りであるが。

「どれだけまわされても　磁針《はり》は天極をさす」

どこかでどなたか[*19]に教えられたこの言葉にはいつも感銘を覚える。人生、どれだけの大波、大風に翻弄され、ぐるぐる廻しにされるやも分からない。しかし、その中で磁石ひとつをもっていれば、進むべき方向が分かる。人生の迷妄に狂わぬ指針―磁石、これこそ「経説」であろう。

阿弥陀経には「応当発《おうとうほつ》願《がん》生彼《しょうひ》国土《こくど》（願《がん》生彼《しょうひ》国《こく》）」―まさに願いを起こして彼の（阿弥陀仏の）国に生まるべし―という勧めが三回もでてくる。倶会一処、念仏往生、聞名得忍という阿弥陀仏の不可思議の功徳が説かれた直後である。

　わかりやすく頂けば、ものみなと一つにとけあえる永久《とわ》のいのちの世界―阿弥陀仏のお浄土からさす光は「目覚めよ」と暗い私の心の灯火《ともしび》となり、お浄土からの呼び声は「南無阿弥陀仏」―如来の真心を信じて念仏せよ、よりかかれ、よりたのめと、働きづめである。このお導きに深く遇いえた人は、この世から往生浄土への明るい旅ができる、最も確かな人生の方向が定まるのである。

二九　親族の陰　――五濁悪世――

＊(20)ビルリ王は復讐心に燃えている。子供のころ母親の里で侮辱《ぶじょく》を受けた。今その恨みを晴らさんと、カピラ城に向け軍隊を進めていく。

すると、行く手の大木の陰に釈尊が静かに坐っておられるではないか。

「お釈迦さま、どうしてここに？　通してください」

「親族の陰は涼しいのう」

釈尊はそう言われたきり、動こうとはされない。カピラ城は釈尊の生まれ故郷、そしてビルリ王もその血を受け継ぐ者。みな「親族」である。そのつながりは、熱暑の国インドにはなくてはならない緑陰のように、安らぎと和平をもたらすはず、争いや戦いであってはならない。釈尊はそう言おうとされたのであろう。

ビルリ王は止むなく軍勢を引き返す。だが、腹の虫が治まらず、再度兵を進める。するとまたもや釈尊に止められる。そして、三度目。今度はもう釈尊の姿はそこになく、ついにビルリ王は釈迦族を全滅させてしまったという。

この事件は釈尊晩年のこと。八十歳近くにもなってから、わが故郷が、こともあろうに血統を引く者によって滅ぼされるとは！　たとえお覚りになられた釈尊であっても、そのご心中には悲歎、哀惜の情切なるものがあったろうとお察しすることは不遜であろうか。

しかもよく似た頃、アジャセによる王舎城の悲劇も起きている。これまた血で血を洗うような人間業《にんげんごう》の現われである。どれだけ聖なる道を説いても、世の中は乱れつづけ、人の心の濁りはやまない。何たる人間本性の救い難さよ。釈尊は心深く慨歎《がいたん》されたことであろう。親鸞聖人もこう和讃しておられる。

五濁《ごじょく》悪時悪世界
濁悪邪見《じょくあくじゃけん》ノ衆生ニハ
弥陀ノ名号アタヘテゾ
恒沙《ごうじゃ》ノ諸仏ススメタル（浄土和讃―弥陀経意）

（五つの濁りに荒《すさ》む世の
心まがれるもろ人に
弥陀の名号のみ救うぞと
あまたの諸仏すすめます）

三〇　時代の濁り　――劫濁――　（五濁の一）

「一人を殺せば殺人犯　百人殺せば大英雄」

どこかで聞いた辛らつな言葉であるが、言われてみると人間社会の矛盾がわかる。個人的「人殺し」は罪になり、社会的・国家的「人殺し」は正当化されて罪にならず、戦争になればむしろ奨励されるのである。しかし仏教的に云えば殺生は殺生、大きな罪である。

「南京大虐殺」は問題になっても「広島・長崎の原爆による無差別虐殺」はあまり問われない。「勝てば官軍」の論理だろうが、「無差別人殺し」はどちらも悪であることに変わりはない。ここにも人間社会の矛盾がある。

だれか全く公平な立場で「人類の虐殺史」を書いてくれる人はいないだろうか。人間がいかに残酷なものであるかを見極めるべきである。その直視と懺悔に立たないかぎり、真の平和への道は開かれない。

仏教では、時代の濁りを「劫濁《こうじょく》」という。天災や戦争で時代が濁り、しかも時代が下がるとともにその濁りが増してくると説かれている。

昔の戦争では直接の肉兵戦が主であったが、今はボタン一つ、敵の顔もみないで大量殺戮《さつりく》ができる――ハイテク兵器の所為《せい》である。湾岸戦争のときその「濁り」が世界中に報道された。もし、そこに「核兵器」が使用されたらどうなるであろうか。現在アメリカ、ロシアをはじめとして世界中には地球上を何十回も破壊できるほどの核兵器が蓄えられているという。しかも、そういう近代兵器（人殺し道具）の開発、生産、販売にかかわる「死の商人」[*(21)]が紳士面をして、平和を表看板にする国際舞台の裏で暗躍しているのである。

今われわれはどんな時代に生きているのであろうか。科学技術という「道具」が進歩して、たしかに便利にはなり、昔のような肉体的苦痛は減り、衣食住も容易になった。しかしその道具によって自滅する危険性もあるのである。道具を使う人間そのものの心に問題があるからだ。時代の痛みはわが痛みなのである。

三一　思想の濁り　――見濁――　（五濁の二）

ある新聞記事（平成八年）にアメリカ（A）、中国（C）、日本（J）の高校生各千人に対するアンケート[*(22)]結果が紹介された。

①　先生に反抗することは自由ですか？　（A）16％　（C）19％　（J）79％
②　親に反抗することは自由ですか？　（A）16％　（C）15％　（J）85％

なんという違いであろうか。日本人の若者はこれほど先生や親に対する反抗を自由だと思っているのだ。このようなことで健全な家庭、社会、国家が成り立っていくであろうか。

親や先生は、いわば大人社会の代表である。社会には社会のルールがある。それを若者は認めようとしない―そして、大人もその傾向を容認しているようだ。少なくとも抑える力はこのアンケートには見えていない。そういう傾向・考え方の背景にはどうも「自由」という思想の濁り（見濁）がありそうだ。

戦後、新憲法が制定され、言論の自由、表現の自由、結社の自由など、旧来軍部によって抑圧されてきたこれらの自由が一挙に開放された。そこで人々は何でも自由、自分の思うままにすればよい、自由に生きる権利があるとさえ思ってしまった。

しかし、人間は社会的存在である。自由も権利も、社会の安寧・福利を前提としたものであることを忘れてはならない。それを忘れて自由・権利だけを振り回すから風紀が乱れ、妙な宗教まがいの集団が横行し、異常な犯罪もふえていく。

仏教は根本思想として「縁起」の法を説く。この世のことはすべて「因縁によって生起する」、つまり自分一人で生きているのではない、他の縁ある多くの人々との関係において（そのご恩をうけて）生かされているのであることを教えている。

思想は人間の生き方を決めるもの、ゆえにその思想形成（教育）は重要極まりない。その第一歩として家庭[*23]教育に仏法が生かされることが切望される。

三二　心の濁り　――煩悩濁――　(五濁の三)

日曜学校で花まつりをしたときのことである。天上天下を指差した誕生仏に甘茶をかけたあと、生徒全員に小さいお釈迦様の絵を描かせた。真っ赤な仏、笑っている仏、いろいろあって楽しい。ところが一つ変な絵がある。上げた右手には三角状のものが描いてある。それは何かと問うと「アイスクリーム」だという。子供らしい発想に笑ってしまう。そして下げた左手にも何か持っている。四角形だ。「これは何？」と聞くと、ちょっと笑って「H本」だという。「えっ？H本って何？」「えへへ… 先生知らないの、エッチな本だよ」

開いた口がふさがらない。立派な家庭の男の子、小学校二年生だ。お釈迦様に失礼な…という意味ではない。二年生にしてもうこのような「心の濁り」に染まっていることに愕然《がくぜん》としたのである。

社会・家庭には青少年に有害な雑誌や本が氾濫し、テレビやビデオで性や暴力のシーンが無造作に流されている。大人はそれを欲望の開放、言論・表現の自由だといい、内実は売れるものなら何でも売ろうという「財欲」で動いている。子供たちは健全な生き方、正しい判断力がつく前に、人間の汚い面に曝《さら》され、やがてそれが子供たちの「お手本」になってしまうのである。

欲望について仏教では財欲、色欲、食欲、名誉欲、睡眠欲（楽を求める欲）の五欲をあげるが、それは「少欲知足」（欲を少なくし、足るを知る）という基本的姿勢からの分類である。ところが今は五欲を満足させることが人生の目的であるかのようにいわれ、実行されている。そして欲望が満たされないと怒り、愚痴をいう。まさに「大欲不足」であり、「煩悩濁」（心の濁り）は最悪状態である。

アースデイの調査によると、現在[*24]日本で一年間の残飯の量は七一〇万トンもある―米の収穫量約一二〇〇万トンの約六割！にも当たる。その中「手付かず」の残飯が約四割という。飽食なのか、呆食なのか。末恐るべしである。

こういう濁りに対して釈尊はその昔すでに警鐘を鳴らしておられるのである。

三三　生きざまの濁り　——衆生濁——（五濁の四）

いつぞや東京に出張したときのこと、少々わき道ではあったが、信号が赤なのに歩行者が大勢渡っている。まさに「赤信号皆で渡ればこわくない」だ。これが文化国日本の首都の姿かと淋しくなる。外国人の目にはどう映るであろうか。

タバコのポイ捨ても同様。立派な外車の窓から白い吸殻が飛んでくる。もし後続の車に外国人が乗っていたら…？　時たま見かける「道路クリーン作戦」では、ボランテイアの下げているゴミ袋は道路わきに捨てられた空カンでふくれ上がっている。

一方新聞やテレビでは「このようなことが二度と起こらないように、厳重に注意いたします」とお偉方が深々と頭を下げる場面を何回見てきたことか。汚職、職権乱用、職務怠慢、虚偽報告、隠蔽…枚挙にいとまがない。

厚生省の統計による平成[*(25)]一〇年の結婚件数は七八四、五八〇組、離婚件数は二四三、一〇二組。結婚は四〇秒に一組に対して離婚は二分一〇秒に一組起きている、史上最悪の数値だという。離婚にはいろいろな理由はあろうが、年々増えてきていることは間違いない。

どの例にも、見えてくるのは自己中心的な生き方ばかり。世の人倫道徳はそこから乱れて来、生きざまも濁ってくるのは当然であろう。

では、そういうあなた自身の生きざまは？　と尋ねられたら…。恥かし、恥かし、口が開かない。一つの実話で勘弁していただこう。

ある高専生（十六歳）の「宗教について」という課題作文である。「ぼくは宗教など信じない。特に家に来る坊主は嫌いだ、いつも金をくれという。…しかし、お祖母《ばあ》ちゃんは朝晩仏壇にまいるし、いつもナンマンダブととなえて、何を食べても、何を貰ってもありがたい、ありがたいと言っている。もしこの世に仏さまがいるとしたら、それはうちのお祖母ちゃんだ」

本願を信じ念仏申す生きざまは、実に尊い。言葉で教えずとも、念仏生活そのものが自《おの》ずと生きた説法（身業説法《しんごうせっぽう》）になっているのである。

三四　いのちの濁り　――命濁――　（五濁の五）

「さあ皆さん、お手手をあわせて『いただきます』って言いましょう」と幼稚園の若い先生がいう。すると、太郎というませた園児がきく。

「先生、なぜ『いただきます』って言うんですか」

さあ困ったのは先生。習慣で言ってきただけ。ちらっと横を見た時大ヒント。

「あのね、むこうの給食のおばさんたちにお礼をいうんですよ」

「でもね先生、この間うちのママ、給食費*(26)を六千円もってきたよ」

この言葉に先生はノックアウト。そこへ園長先生（住職）が助け船。

「太郎君、ママはお金を払ってないよ」

さあ怒ったのは太郎君。涙をながして払ったという。

「じゃあね、太郎君の前のお魚にお母さんいくら払った？」

「・・・？」

「太郎君には分からないでしょう。でもね、そのお魚は一円もお金をもらってないの。ママが払ったお金はみんな人間がとったの。お魚はただで自分のいのちを差し出して『さあ、太郎君、ぼくのいのちを食べて大きくなってちょうだい』って言っているんだよ。その尊いいのちを『いただきます』っていうのだよ」

ある法話[*27]テープでこの話を聞いたときの感動は深かった。政治だ、経済だ、解散だ、不景気だと、上っ面の話だけが人間の世界だと思ってはいないであろうか。人間の文化を支えている土台、大自然のお恵みはみな「無償」なのである。そこに無限のお蔭さまがある。それを先ず教えるのが教育の根本だ。読み書きはその後でいい。

「いのちの支え」一つでもこのようにすごい。地球上の一つのいのちが三十五億年という永い長い遍歴を経て私というものに生[*28]まれてきた「いのちの歴史」の不思議さ。また、そのいのちが今もこうして、頼みもしないのに動いてくれる「いのちのしくみ」の不思議さ。こういう「いのちの不思議」さに目覚めることこそ、いじめだ、自殺だ、刺殺だと、いのち濁る今の世に必須のことではなかろうか。

三五　福は内　――難信之法――

「福は内、鬼は外」節分ごろになると、この言葉が必ずといってよいほど、芸能人などの豆まき姿とともにＮＨＫや民放で放送される。日本人の伝統行事・季節感としてとりあげているのではあろうが、実は放送することによって、その概念が日本人の「常識」（当然もつべき心）として幼い子供のこころに定着していくのである。それでよいのであろうか。

「福は内、鬼は外」ということは、「除災招福《じょさいしょうふく》」（災いをのぞき、福を招き入れたい）という人間の本音を端的に言い表したものであるが、外へ出された鬼はどこへ行くのであろう。隣の家や、町中に行けばよいのか。自分さえ、我が家さえ幸せになれば他はどうなってもよいというのか。そういう心で豆をまく人こそ「鬼」というべきではなかろうか。

世の中には色々な宗教があるが、この「福は内、鬼は外」（除災招福）タイプの宗教が非常に多い。人間は利己的な欲望を追求するためには何でもする。祈禱をし、呪《まじな》いをし、禁忌《きんき》をまもる。病気平癒のための加持祈禱《かじきとう》や初詣で…、豆まき・お祓《はら》い・手かざし…、友引や清め塩…など、その例は枚挙にいとまがない。

それらの共通点は「霊と術」。何か分からぬがある力（霊）が、ある術をかけることによって自分に福をもたらし、災いを除いてくれると信じている。そこで問題にするのはどのような術（儀式・道具）を用いるかであって、当事者の内側の心にはまったく触れていない。触れようとしない。触れるのが嫌なのである。

釈尊の説かれた仏教は目覚めの宗教である。阿弥陀経では五つの濁りはわが心の問題（煩悩）だと目覚めよ、目覚めれば阿弥陀仏の浄土の清浄なるお荘厳、光といのちきわみなき世界への往生、それを勧める諸仏方の教え―などが素直に頂かれるであろうと説いてある。しかし「福は内、鬼は外」の根性の者には信じがたい。除災招福の心にからまり、そこから出られない者に対する釈尊の悲しみと切なる慈悲が*(29)「この一切世間に信じ難き法を説く」の経文ににじみ出ている。

三六　この上は　――作礼而去――

「仏、この経を説きたまふことを已《お》りて、舎利弗およびもろもろの比丘《びく》、一切世間の天・人・阿修羅《あしゅら》等、仏の所説を聞きたてまつりて、歓喜《かんぎ》し信受して、礼《らい》を作《な》して去りにき」

これが阿弥陀経の結びである。祇園精舎に集まって釈尊のご説法を聞いていた仏弟子も菩薩も天の神々も一般の人々も、阿修羅（戦の神）までも、お法《みのり》を喜び、信じて、礼拝して帰っていったという。まことにうるわしい光景である。

「そこで、あなたは、どうですか？　歓喜、信受できましたか？」

と大きな問いがくる。そこが決まらなければ、お経が終わったとはいえない。これが釈尊や親鸞聖人の説かれた「信の宗教」（わが心の目覚め）の立場である。「霊・術の宗教」（祈禱・回向）の立場ならば、読経の声が止めばそれで終りである。

さて、あなたはどちらの立場をとられるであろうか。

歎異抄の第二章には、関東からはるばる聖人を訪ねてこられたお同行に対する親鸞聖人のまことを尽くしたご教示と、肚《はら》の坐りが示されてある。〝私親鸞は師法然上人の「ただ念仏して弥陀にたすけられまゐらすべし」とのお言葉を深く信ずるだけである。たとえそのため地獄におちてもよい。阿弥陀仏―釈迦如来―善導大師―法然上人と伝えられた一すじのみ教えに間違いがあるはずはない。親鸞はそれをお伝えしているだけである〟、と縷々《るる》述べられたあと、

「この上は念仏をとりて信じたてまつらんとも、またすてんとも、面々の御はからひなり」

と突き放しておいでになる。それは決して説得のためのテクニックではない。真の宗教―信心には、自己の決断が要求される。ただ坊さんにお布施をして頼んでおけばよいというような「他人事」ではない。「代わる者あることなし」という自分自身の人生の大問題に対する決断が今問われているのではなかろうか。

補説

経題「仏説阿弥陀経」の味わい

大学生時代、サンスクリット（梵文）の『阿弥陀経』を初めてみたとき、その経の原題名が『スカーヴァティー・ヴィユーハ』（梵：Sukhāvatī-vyūha）で、「極楽の荘厳」「幸あるところの美しい風景」の意味であること、また同じ題名の『無量寿経』と区別して『小スカーヴァティー・ヴィユーハ』と呼ばれていることを知った。その梵文から漢文に翻訳したのが鳩摩羅什《くまらじゅう》で『仏説阿弥陀経』という題名にした。その後玄奘《げんじょう》が訳したときは『称讃浄土仏摂受経』という経題になっている。

こうしていくつもの経題があるが、今は、我々常用の『仏説阿弥陀経』という経題について味わってみたい。

1　「仏　説」

「仏説」とは「釈迦牟尼仏が（直々に）説かれた」という意味であり、それを阿難が「如是我聞《にょぜがもん》」（このようにお聞きしました）と受けて経典が始まっている。これは浄土三部経に共通した経題であり、書き出しである（『仏説無量寿経』は「我聞如是」と始まる）が、他の経典では必ずしも同じではない。「仏説」を冠してない経典も沢山ある（例『妙法蓮華経』『般若心経』[*30]）。平生何とも思わずに「仏説阿弥陀経」と無造作に読み始めているが、「これからお釈迦さまの直《じ》かのお説法を聞かせていただくのだ」と、心にしっかり刻んで読経しなければならない。

　ところで、この阿弥陀経の中で「仏」という字は何度も出てくる。「その時、仏、長老舎利弗に告げたまはく」など釈迦牟尼仏をさすことが多いが、「其の土に仏まします。阿弥陀と号す」とか「彼の仏の国土には」などの時は阿弥陀仏のことである。「十方億の仏を供養し」とか「恒沙の諸仏」というときは諸々の仏をさす。いずれも「仏」とは「覚者」[*31]（さとりを得られたひと）という基本的な意味であり、さとりを得られればみな「仏」なのである。「さとり」を中心とする仏教の特色があらわれている。釈尊は現世でその「さとり」を得られ、さとりを皆に得させようと四十五年間説法された。その「仏説」がやがてまとめられ「経」となっていった。

なぜ彼の仏を「阿弥陀」と名づけるのか、其れは「光」と「寿」が無量であるからだ、という「名義《みょうぎ》」については既に*(32)述べてあるが、今ひとつ分かりやすく味わってみよう。

2 「阿 弥 陀」

拙寺の日曜学校であるとき生徒に質問をした。「人間にとって一番大事なものは何だと思うかね？」すると「いのちです」「こころです」という答えが返ってきて、驚いた。正鵠《せいこく》を得ているではないか。人間は身と心でできている。ところがその二つに大問題がある。「いのち永久《とわ》にあれかし」と誰もが願うがダメ。無常の壁は絶対に破れない。みな生・老・病・死と移ろいゆく。「心は明るく生きたい」と願うがダメ。煩悩で暗くなる。

親鸞聖人も「煩悩具足の凡夫、火宅無常の世界は、よろづのこと、みなもつてそらごとたはごと、まことあることなきに」（歎異抄）と人間の問題を二点で抑えられているではないか。その人間存在の根本問題を解決してあらゆる衆生を救おうと、限りある命には「無量の寿《いのち》」を与え、暗くなる心には「無量の光・不可思議の光」を与えて下さるのが「ひかりといのちきわみなき　阿弥陀ほとけ」なのである。仰がずにはおれない。

この阿弥陀仏はもともと「さとり」の世界から迷いの衆生をご覧になり、衆生の苦悩を哀れみ、これを救いたいという深い願いを発《おこ》して法蔵菩薩となり、永い修行をされた結果、「ナムアミダブツ」という名の声の仏となられた。そしてあらゆる人々に「わが名を聞き、如来のまことを信じてわが名を称えよ。かならず救い、仏とならせる」と今現に喚びかけ、説法しておられるのである。

まさに「真実の智慧（さとり）[*(33)]は真実の慈悲を生ず」という仏教精神の実現である。その精神は釈尊の初転法輪に現れている。三十五歳、ブッダガヤでおさとりを得られた釈尊は、内心すばらしいさとりを楽しみ座を立たれなかった。それを見たインドの神がそのさとりを人々に説いて下さいと、何度も請願した。初めは動かれなかった釈尊もそれではと、遂には座をたち、サルナートに趣き、旧友五人に初めて説法された（法輪を転じられた）。そのお陰で、釈尊の尊い教えが世に弘まるようになった。

ここで初めて仏教が成立したのである。「智慧・さとり」から「慈悲」へ出てきて下さったお陰で―。いみじくも阿弥陀仏のお出ましのお心と、釋尊のご説法のお心とが符合していてありがたい。

3　「経」

「お経みたいに〝ワケのわからんコト〟いうな」などという人がいるが、お経にはちゃんとした意味がある。お経は元々インドでお釈迦様が説かれた教えを文字にしたものなのだ。

お釈迦様が四十五年間いろいろな素晴らしい教えを説かれたが、八十歳でお亡くなりになる。そこで仏弟子たちが集まって、今までに聞いた釈尊のお言葉が散逸しないように思い出し、皆で確認し合ってできたのがお「経」である。そのお経のことをサンスクリット語では「スートラ」[*(34)]（タテ糸）という。沢山のきれいな花（釈尊のお言葉）に糸を通して、繋ぎ留めておくときの糸という意味なのだ。

インドでは当然スートラ・お説法の言葉はそのままで通じた。そのスートラが、やがて中国に入ってきてタテ糸をあらわす「経」と訳され、沢山のお経が中国語（漢文）に翻訳されるが、当時の中国人はその漢訳経典を読み聞きして、そのままで意味が解かったのである。ところがその漢文の経典が日本に伝来した時、日本語に翻訳されないで漢文の語順や発音（呉音《ごおん》や漢音《かんおん》）のまま音読・棒読みするようになり、その伝統が今でも大方の寺院に残っている。しかし昔のお坊さんは、その漢文のお経の意味を日本語で理解しようと努力された。親鸞聖人も漢文に反《かえり》点や送り仮名をつけ、訓読《くんどく》（日本語よみ）された跡[*(35)]が残っている。

そのように大事な意味のあるお経であるが、仏教全体では八万四千と種類が多い。それは釈尊が相手に応じて説法された結果だが、法然上人や親鸞聖人は『仏説無量寿経』などの浄土三部経を中心に、煩悩《ぼんのう》に満ちた愚かな「この私」が本当にすくわれていく道を聞き開かれた。

「経」（スートラ＝タテ糸）についてある先生の忘れがたいお話がある。「タテ糸（経）があればヨコ糸（緯）がある。〝人生模様〟をきれいに織り上げるには、まずタテ糸をしっかり張り、そこに日々の真剣な生き様というヨコ糸を織り込んでいかねばならない。タテ糸（経）、つまり「お経」は人生航路の指針である」と。

迷いの岸にいる愚かなこの私が、おさとりの港を目指す「タテ糸」をしっかり張り、いかに波瀾万丈《はらんばんじょう》の苦海の中でも、本願名号という羅針盤に導かれて、日々念仏生活のヨコ糸を織りこんで人生模様を仕上げること。それが「お経の意味」だといただいている次第である。

小*(36)経表白

（阿弥陀経読誦の前に拝読する）

　本日ここに

釈　　　の　　　　忌法要にあたり

有縁の人々相寄り集《つど》い　亡き人を偲びつつ

懇ろに浄土の聖教を読誦して　如来のみおしえに遇いたてまつる

　それ　大無量寿経には

「設《たと》い我仏を得たらんに十方の衆生よ

至心に信楽《しんぎょう》して我が国に生まれんと欲《おも》うて乃至《ないし》十念せん

もし生まれずは正覚を取らじ」と　誓いたまえり

　而《しこう》して　阿弥陀経は

如来の本願によって成就されし浄土の荘厳と　念仏往生の功徳を説き

また　十方恒沙《ごうじゃ》の諸仏

阿弥陀仏の不可思議の功徳を　讃嘆せらるる妙典《みょうてん》なり
しかも釈迦牟尼仏
舎利弗等　仏弟子の問いの縁を待たずに
自ら弥陀の本願荘厳を説き出だされしは
ひとえにこれ
五濁悪世の我ら凡愚に　弥陀の名号を与えて
難信の法を　信ぜしめんがためなり
　今この法縁に集うわれら
釈迦諸仏のお勧めの中に
ともに故人の真《まこと》の願いを聞き
自ら深く本願の名号を頂戴すべきものなり
　今ここに謹しみて阿弥陀経を拝誦《はいじゅ》し　拝聴《はいちょう》したてまつらん
　　　　　　　　　　敬って申す

補　注

（1）**A太郎の話**　河村とし子先生の法話（能登の明円寺）で直接聞いたもの。

（2）**濁りの世に時機相応の法**　二九話「親族の陰」（ビルリ王の話）、特に63頁の後半を参照されたい。

（3）**コーサラ国、マガダ国**　インドの地図（109頁）参照。

（4）**摩訶倶絺羅《まかくちら》**　長爪梵士《ちょうそうぼんし》ともいう。すべての論戦に勝つまでは爪を切らないと誓い、釈尊に「我はいかなる説も信じない」という。釈尊は「では、信じないというあなた自身の説も信じないのだね」といわれて、爪を切り、仏弟子になったという。

（5）**日暮飛鳥還**　「その寺」とは秋田の浄弘寺。後日判ったが、この扁額の字は、中国盛唐の詩人王維《おうい》（699〜759年）の詩の中にある。

臨高臺送黎拾遺　　高臺《こうだい》に臨《のぞ》みて黎《れい》拾遺《しゅうい》を送る

王維　　王維《おうい》

相送臨高臺　　相《あ》い送《おく》りて高臺《こうだい》に臨《のぞ》めば

川原杳何極　　川原《せんげん》杳《よう》として何《なん》ぞ窮《きわ》まらん

日暮飛鳥還　　日暮《にちぼ》飛鳥《ひちょう》還《かえ》り

行人去不息　　行人《こうじん》去《さ》りて息《や》まず

（大意　「高台にて（来客の）黎 拾遺《れいしゅうい》を見送る」

見送って高台に臨めば、平野は遥かに窮まりなく続いている。夕暮れ時に空を飛ぶ鳥は、ねぐらに戻ってゆくが、私を訪れた人は再び戻ることなく、ひたすら去って離れてゆくばかりである。）

（6）**チャンネル**　法話では「6チャンネル（六字の名号のこと）に合わせましょう」という。間違った法を聞いたら大変！

（7）**佐々真利子さんの仏法弘宣**　『光源寺テレホン法話　響流十方』（昭和六十三

年）を出版。自らのテレホン法話九〇篇とNHK心の時代（平成五年）での金光寿郎氏との対談「慈愛の中で」も収録されている。藤原正遠師（石川県川北町浄秀寺）への慈恩感謝に満ちている。

（8）**方向が逆転**　筆者の若いとき、ある夏期講習会で小山法城師が言われた。「あなた方は、仏様に真向かいになって拝んでいると思うかも知れないが、仏様に褒められるような日暮しをしているか」と問われ、弥陀経和讃「十方微塵世界の…摂取して…」にあるご左訓「摂《せふ》はものの逃ぐるを追はへとるなり」を引いて「仏から逃げているのではないか？如来はそれを見捨てず、後ろから追いかけてでも救おうとして下さっている。

浄土真宗は『逆対応の宗教』なのだ」と…。肝に銘じた教えである。

（9）**光寿無量の謂《いわ》れ**　「光寿無量」のことは、阿弥陀経でもこの「名義段」で説かれ、無量寿経でも第十二（光明無量）願、第十三（寿命無量）願とその成就文で説かれている。その「光寿無量の仏」に帰依する言葉が「南無阿弥陀仏」であるが、その文字・発音は「ナマス・アミタ・アーバ」「ナマス・アミタ・アーユス」というインドの言葉の音訳である。(因みに「ナマス」は「敬う・従う」の意、「アミタ」は「無量」の意、「アーバ」は光、「アーユス」は寿《いのち》の意味である。)

そこで親鸞聖人は『正信偈』の冒頭でまず「南無阿弥陀仏」と念仏される代わりに、その言葉の意味を表すため「帰命無量寿如来」(元は善導大師の訳語)、「南無不可思議光」(元は曇鸞大師の訳語)と称えられた。

従来、「無量寿」(無量の寿《いのち》)は過去・現在・未來の三世にわたって衆生を救う如来の時間的真実を表し、「不可思議光」(量りしれない不可思議の光)は、広く十方世界を照らす空間的真実を表すと解釈されている。

(筆者は補説2(80頁)で別の視点からの味わいをしている)

(10) **極楽風刺の「ある作品」**　菊池寛『極楽』

(11) **少善根**　では何が多善根か?といえば、宗祖の『教行信証』に出ている。

「かれ（襄陽《じょうよう》の石碑の経）にいはく、〈善男子・善女人、阿弥陀仏を説くを聞きて、一心にして乱れず、名号を専修せよ。称名をもつてのゆゑに、諸罪消滅す。すなはちこれ多功徳・多善根・多福徳因縁なり〉」。（化身土文類 本）（傍点筆者）。

（12） **仏と共歩き** 広島のある高校で、学級対抗水泳大会があったとき、クラス内のいじめで身体障害者の女子生徒A子が無理矢理出場させられた。ピストルが鳴り、皆は一斉に泳ぎ出したが、A子はガバガバともがくばかり。番長らはそれを指さし嘲け笑う。そのとき洋服のままプールに飛びこんだ人がいた。A子の傍にきて「頑張るんだ」と励ましながら一緒に泳ぎ始める。それを見てプールサイドから「ガンバレ、ガンバレ」の拍手が湧く。その歓声の中、とうとう二人はゴールまで泳ぎ切った。やがて上がってきたその人は？ 何と校長先生だった！ それ以後、その高校ではいじめが無くなったという。

（東井義雄『喜びの種をまこう』所載）

（藤枝宏壽『老いて聞く安らぎへの法話』（自照社出版）に転載）

仏も一緒に人生の苦難に寄り添い「共あるき」していてくださることのよい例話である。

（13）便利の危険

①昭和47年11月6日未明、北陸トンネルで「急行きたぐに」が火災事故を起こし、３０人の犠牲者を出した。トンネルも列車も「便利」、しかし、そこに危険が潜んでいた。

②便利なはずの道具が、操作ミスとか、悪意使用によって危害・災害をもたらすという危険の他に、便利を常用しているとそれに慣れてしまい、完全に依存してしまうと、人工物ばかりが有用だと錯覚する。人間は大地に生まれ、自然の大恩恵（空気中の酸素、水、動植物などの食料、地下資源など）に事際生かされていることを忘れてしまうという根源的危険に陥る。そして自然との関わりの中で今日の人間文化を築いてきてくださった

先人の恩恵にも気づかない。目先の便利を操作できる自分の知識・技術のみに耽溺してしまう危険性がある。

（14）**辞書**　『角川漢和中辞典』

（15）**血染めの遺書**　「マリコ　津慶《つよし》　知代子　どうか仲良く　がんばって　ママをたすけて下さい　パパは本当に残念だ　きっと助かるまい　原因は分らない　今五分たった　もう飛行機には乗りたくない　どうか神様たすけて下さい　きのうみんなと　食事をしたのは　最后とは　何か機内で　爆発したような形で　煙が出て　降下しだした　どこえどうなるのか　津慶　しっかりた（の）んだぞ　ママ　こんな事になるとは残念だ　さようなら　子供達の事をよろしくたのむ　今六時半だ　飛行機は　まわりながら　急速に降下中だ　本当に今迄は幸せな人生だったと感謝している」（原文のまま）

河口博次さん（52歳）　兵庫県芦屋市。大阪商船三井船舶神戸支店長。

5日後、包帯で何重にも巻かれた遺体の上着の胸ポケットに入っていた手帳に7ページにわたって書かれている…219字。ボールペンで乱れた筆跡。次の頁まで刻まれる強い筆跡で。

(16) **愛生園**　岡山県瀬戸市。昭和五（一九三〇）年、「国立らい療養所長島愛生園」として発足。昭和二十一（一九四六）年、「国立療養所長島愛生園」と名称変更。平成八（一九九六）年「らい予防法」廃止。

(17) **阿弥陀仏のみ名**　経本には「諸仏所説名」（諸仏が説く〈称讃する〉所の〈阿弥陀仏の〉み名）となっているが、異本（高麗版・大正新脩大蔵経）では「聞是経受持者及聞諸仏名者」（この経を聞きて受持する者および諸仏の名を聞く者）となっていて、阿弥陀仏の名が出ていない。我々が常用している流布本《るふぼん》の経文「諸仏所説名」は善導の『法事讃』に始まったのであろうという説（藤田宏達師）がある。疎《おろそ》かに読み捨てできない赤心・回天の一句である。

（18）**無上のさとりに向かって**　ここの経文は「得不退転於阿耨多羅三藐三菩提」。これをふつう「阿耨多羅三藐三菩提を退転せざることを得」と訓《よ》んでいるが、正確には「阿耨多羅三藐三菩提に向かって退転せざることを得」の意味と訓むべきである。（『浄土三部経　現代語版』本願寺出版二二八頁参照）阿耨多羅三藐三菩提（無上道）は仏道修行のいわばゴールである。ゴールに入ってまた「退転」（逆戻り）するという発想がおかしい。無上道は迷いを完全に超えた仏のさとりの境界だ。そのさとりから迷いに転落するなら、まださとりを得ていないことになる。

　この問題は「得不退転於阿耨多羅三藐三菩提」の「於」という漢訳に起因する。サンスクリット原文では「於格」になっている。於格の意味用法は多様である（に於いて、に向かって、に対して、と比較して、等々）。であるのに、漢訳では大抵の場合いつも「於」の一字で事済ませている。

　だから、本題の「に向かって」は適訳である。藤田宏達先生らの論説が採択されたからであろう。大抵の訓読は「を退転」となったままである。

（19）**磁針は天極をさす**　これは日本を代表する彫刻家・画家であり、『道程』、『智恵子抄』等の詩集で著名な高村光太郎氏（一八八三―一九五六）の名言である。

【参考】「羅針盤」

ナムアミダブツは　羅針盤
人生航路の　羅針盤
いつも西方　さしている
称えるままが　西の方
ナムアミダブツ　ナムアミダブツ

木村無相『念仏詩抄』

（20）**ビルリ王がうけた侮辱**　毘瑠璃《びるり》王はコーサラ国の前王波斯匿《はしのく》王の子。当時、中インドにはマガダ国とコーサラ国の二つの大国があり、その間で釈迦族は小さな種族として、ほぼコーサラ国に従属していた。釈迦仏が悟りを開いて間もない頃、波斯匿王は釈迦族から妃を迎えたいと要請するが、王はもし妃を差し出さなければ釈迦族を攻めるつもりだったといわれる。

釈迦族は「われらは大姓なり。なぜ卑しきものと縁を結ばなくてはならないのか」と、その血筋の誇り高さから一計を案じた。釈迦族の摩訶那摩《まかなま》大臣（11頁の釈迦族系図を参照）が大臣自身と下女との間に生ませた娘が容姿端麗だったので、その下女の娘を自分の子であると偽り、沐浴させて身なりを整えさせて立派な車に載せて波斯匿王のもとに嫁入りさせた。この妃はすぐにビルリ太子を生んだ。

ビルリ王が八歳のとき、母の実家である釈迦族を訪れた際、「お前は下女の娘の子だ」と侮辱されて心に怨みを抱き、将来釈迦族を滅ぼそうと決意したという。


【参考①】後年、ビルリ王が遂に釈迦族を攻めてきたとき、摩訶那摩は「私がこの堀の中に入っている間だけ、女子供を逃がしてくれ」と頼み、自らは水中の杭に頭髪を結んで浮き上がらず、多くのいのちを救ったという。（『増一阿含経』）

【参考②】またビルリ王は釈迦族を殲滅《せんめつ》して城に戻り兄の祇陀太子（8頁参照）も殺害したとも伝えられる。釈迦仏は「彼とその軍隊は七日後に死ぬだろう」と予言したが、その予言どおり戦勝の宴の最中に落雷によって、あるいは川遊びの最中に暴風雨で増水して海に流され魚の餌となったなどと記録されている。

（出典 (1)『教行信証』信巻末に涅槃経を引用、その経に毘瑠璃王が船に乗り火に逢うて死ぬと出ている。

（出典 (2)「中央学術研究所紀要」モノグラフ篇 №19【論文（研究ノート）8】「釈迦族滅亡年の推定」の中に詳説してある。

☆国訳一切経『阿含部』九（四六三頁）『増一阿含経』及び、同『律部』十

四（五〇一頁）に釈尊の予言が的中した記述がある。

（21）**死の商人**　死の商人（英語：merchant of death）とは、友、敵を問わず、兵器を販売して巨利を得る人物や組織への蔑称、または営利目的で兵器を販売し富を築いた人物や組織への蔑称。

合法か違法か、友国か敵国かを問わず、紛争当事国やテロリスト、第三諸国（アフリカ、中東諸国）に武器を売っており、それが少年兵や犯罪者に手軽に銃が渡ってしまうので非常に問題ではあるが、死の商人たちは各国の政府首脳や諜報機関と深い関係を持っている為に、これらの武器売買の行為を暴くことは、自国の暗部の行為を暴くことになってしまうので、あまり摘発されない。また、近年は武器生産、販売国として中華人民共和国や北朝鮮、パキスタンなどの新興工業国が急速に勢力を伸ばして来ているといわれている。（ウィキペディア）

（22）**高校生アンケート**　本文記載の数値は、日本青少年研究所「ポケベル等通信媒体調査」（１９９６年）で報告された資料による。年代的に多少古いが一応の目安になる。親子の関係で次の新資料が参考になろう。

【参考】

国立青少年教育振興機構「高校生の生活と意識に関する調査報告書」（平成二六年実施・平成二八年八月二八日発表）

問い　親が高齢となり、あなたが世話をすることになった場合、どのようにしますか？

こたえ	日本	米国	中国	韓国
Aどんなことをしてでも親を世話する	三七・九	五一・九	八七・七	五七・二
B経済的な支援はするが、世話は家族や他人にまかせる	二一・三	一九・三	六・三	七・三

（％）

★Aのこたえは日本が最低。この風潮がやがて『もう親を捨てるしかない』（島田裕巳・幻冬舎新書）というような極論・暴論につながるのであろうか。おそろしい「見濁」の一端である。

(23) **家庭での仏教教育**　年寄りの大切な仕事である。71頁後半の例話を参照されたい。

(24) **日本の食糧廃棄量**　本文の「現在―」は二〇〇〇年頃の調査数値。
二〇一二年度「農林水産省食品ロス統計調査」によると
日本での年間食糧廃棄量は
一般家庭から　一〇〇〇万トン
…一一兆円＝日本の農水産業の生産額相当
…途上国の五〇〇〇万人分の食糧に相当
それに加えて
食糧関連事業者から　八〇〇万トン
あるという。

日本は年間 五〇〇〇万トンの食糧を輸入しながら、一八〇〇万トンも捨てている。食糧の廃棄率では世界一の消費大国アメリカを上回っているのである。

そしてこれが「煩悩濁」（貪欲《とんよく》）の一断面に過ぎない。瞋恚《しんに》、愚痴《ぐち》等、煩悩全体の濁りはいかばかりであろうか。怖毛《おぞけ》がたつ。

（25）離婚率

「平成二七（二〇一五）年度の「人口動態統計調査」では、婚姻件数五七万五七四三件に対し、離婚件数は二〇万六二〇五件。単純に離婚件数を婚姻件数で割れば、確かに「約三組に一組」が離婚していることになる。しかし、右の率は、同一年での離婚件数と婚姻件数との対比であって、同じカップルの離婚ではない。しかも、婚姻件数は減少しているのが実状であるから、離婚率は大きくなる。実際はそれを割引きすべきだ。

★本文の平成一〇年と右平成二七年とを較べると、名目離婚率は三一・〇%から三五・八二%に増えている。その背景には、婚姻数は七八・四万から五七・五万へと二六・六％の減少に対し、離婚数は二四・三万から二〇・六万へと一五・二％の減少に止まっているという事実がある。

やはり、実際の離婚率は高まっているようだ。
☆その離婚増加の原因には三〇歳代の女性の経済力向上があるという指摘もあるが、その根っこにはやはり自己中心思想があると言わねばならないのではなかろうか。

(26) **給食費払ったら**　太郎はいつもママがスーパーで買い物しているのを見ている。〃レジでお金を払ったら、品物はもう自分のもの。御礼をいうのはレジの方〃　こういうママの生活態度からは、「給食費払ったら、もうこちらからありがとうなど言う必要は無い」という論理しか出てこない。

(27) **『いただきます』**　この話は山口県美祢市正隆寺の波佐間正己師の法話テープで聴いたもの。それを脚色した同名の紙芝居『いただきます』を永田文昌堂から出版し、日曜学校などで好評を得ている。

（28）**生まれてくる不思議**　この「いのちの不思議」に今の科学は「いのちの操作」の手を突っ込んでいる…例えば、出生前診断だ。それによって障害児の出生を防ごうとする。それは健全な自己さえよければよいという「優生思想」の現れであり、障害者を一九人も殺傷した津久井山ゆり園での惨事（平成二八・七・二六）の犯人が抱いていた思想である。
「いのちの操作」には、延命治療、脳死―臓器移植なども含まれると言えよう。

（29）**難信之法**　「難信の法」（信じがたい法）という厳しい言葉が、相前後して二度も使われている。最初は諸仏が釈尊の不可思議功徳を称えての語、後は釈尊ご自身が「舎利弗、當に知るべし。我五濁悪世にして、この難事を行じて、阿耨多羅三藐三菩提を得て、一切世間のために、この難信の法を説く。これを甚だ難しとす」と説かれている所。
なぜ「信じがたい法」なのか。「光寿無量」（一四話）の「阿弥陀仏（の根本救済のお謂われ）を説くのをよく聞いて」（一八話）「名号を執持」すれば、「阿弥陀仏の極楽国土に往生」できるという、如来の大悲によってすくわれていく「他力」の救済法がなぜ信じがたいのか。正信偈に「弥陀仏本願念仏　邪見憍慢悪衆生　信楽受持甚以難　難中之難無過斯」（南無阿弥陀仏のみ教えは　おごり・たかぶり・よこしまの　はかろう身にて信ぜんに　難きなかにもなおかたし）とあるとおり、如来の広大無辺な誓願不思議によって成就している念仏を、凡夫の「わが思いこそ正しい」という狭小なおごり・たかぶり・邪《よこし》まな心で疑い、計らうから「極めて信じがたい法」になるのである。

「このみ法《のり》聞きうることのかたきかな
　　われかしこしと思ふばかりに」（一蓮院秀存）

の一首が明解である。「聞き得る」とは「信を得る」こと。

一方で「除災招福」の利己心に根づきながら、他方で「われ賢し」と自惚れ高ぶっている者に、その迷妄を何とか破りすくいたいという釈尊の切ない願いが、右の経文の最後「これを甚だ難しとす」に読みとれる。

「難信の法」の梵文原典のチベット訳では「世の中に順応していない」となっている。世間の常識的考え（自己中心的思考）にはそぐわないということであろう。闇を好む者は光を畏れるのである。

六方段の諸仏の護念《ごねん》証誠《しょうじょう》も、この難信の法のためになされたものだと、親鸞聖人は和讃されている。

「十方恒沙《ごうじゃ》の諸仏は　極難信《ごくなんしん》ののりをとき
五濁悪世のためにとて　証誠《しょうじょう》護念《ごねん》せしめたり」（浄土和讃）

我々は阿弥陀経を読み終えるに当たって、この「難信」の語を自らの胸に深く問い直していかねばならないと痛感する。

（30）**般若心経**　現在はこの経を使用する宗派では殆どの場合『仏説摩訶般若波羅蜜多心経』と「仏説」がつけられているようだが、大正新脩大蔵経に収録されている玄奘三蔵訳とされる経題名は『般若波羅蜜多心経』である。「仏説」は、後人がつけたものであろう。

（31）**さとりを得ればみな**　歎異抄では「本願を信じ念仏を申さば仏に成る」と言われる。我々凡夫も本願念仏をいただいて浄土に生まれれば皆「さとり」（大般涅槃）を得させていただいて「仏」にならせてもらうのである。

（32）**光寿無量の「名義」**　33頁終りの本文と89頁の補注(9)を参照されたい。

（33）**智慧から慈悲へ**　曇鸞大師の浄土論註に「実相を知るをもつてのゆゑに、すなはち三界の衆生の虚妄の相を知るなり。衆生の虚妄を知れば、すなはち真実の慈悲を生ずるなり」）（浄土真宗聖典「『第二版』三二五頁）とある。「実相を知る」のは「真実の智慧」である。

（34）**スートラ**　漢訳では「修多羅《しゅたら》」（「依修多羅顕真実」と正信偈にあるとおり）。七条袈裟をつけるときに用いるのも修多羅。幾本もの「タテ糸」で編み上げてある。

（35）**訓読の跡**　『定本　親鸞聖人全集』第八巻　加点篇の「加点篇（1）の解説」によると、鎌倉時代に漢文の経論等に返り点・送り仮名をつける「加点」が流布していて、親鸞聖人も版本や写本に加点しておられた。版本の例としては、『浄土論註』二巻や『観経疏』九巻があり、写本としては『涅槃経要文』『五会法事讃略抄』など、さらに『無量寿経』『観無量寿経』『選択集』の延べ書き等が残っているという。

（36）**小経表白**　真宗で年回忌法要等での読経の表白は、三経共通のものが多いが、拙寺では三経個別の表白を制定している。各経独自の内容に沿う賛文とし、聴衆の留意を促すためである。

小経の場合、経文に「本願」が説かれていないので、大経の本願文を表白で導入し、小経の浄土荘厳と念仏往生に結びつけた。三経中もっとも多用される小経に大経意を補強することによって、安心して浄土真宗の重宝経典として愛楽していきたい。

（筆者が仏跡巡拝したときの地図）

【初版】あとがき

現代に真宗の勤式を考える会のねがい

◎浄土真宗の勤式はすべて仏徳讃嘆と聞法の機縁であってほしい

○朝夕のおつとめ、報恩講、永代経、葬儀・通夜・忌中・年回忌法事などが、真宗各派の主要な勤行であり、正信偈・和讃やお経（浄土三部経）の読誦が行われております。しかし、その勤式の意味はどのように理解されているでしょうか、どのように受け取られているでしょうか。

いうまでもなく真宗では

①お経は呪文ではない

②法要儀式は祈禱の秘儀ではない

ということは宗祖親鸞聖人のみ教えに照らして明白なことであります。

「親鸞は父母の孝養のためとて、一返にても念仏申したること、

いまだ候はず」（歎異抄）

「真実信心の称名は　弥陀回向の法なれば
　不回向となづけてぞ　自力の称念きらはるる」（正像末和讃）

ところが現実には、漢文棒読みの読経だけで終わることが多いのではないでしょうか。それでは、経文の意味（メッセージ）は伝わりません。「お経とは何か神秘的なもの、一種の呪文のようなもの、それを読み、称えることによって、何かマジカルな力が仏・死者の霊に及び、私の除災招福に役立つ」というように受け取られる危険性があります。

○真宗本来の勤式であるためには、次のようなことが必要でありましょう。

③意味のわかる勤式とする

現代人は文字がよめます、話せばわかります。ですから勤式の意味、お経の意味をいろいろな方法で「わかる」ように伝える工夫をすべきです。

例えば、

・読経に訓読や現代語訳を取り入れる

―そういうタイプの経本を作り（『真宗法要聖典』永田文昌堂で既刊）、参詣者全員にも配布する

・経文の意味を明かにする

―読経の前後に短い法話をして、一言、一句でも経文の説明をしたり、現代的意味を味わう

◎これが本書のねらい

―読経によく使用される阿弥陀経の意味を三十六のポイントに分けて、なるべく現代的に味わうことをめざす

④感動の伝わる勤式とする

⑤僧侶も門徒もともに参加する勤式とする

声明＝心をこめ、朗々と韻律よく唱誦すれば、荘厳な宗教的雰囲気を醸し出し、感動が伝わる

読経＝参詣者も参加できるところは共に唱和すると、感動が身近になる

法話＝簡潔に、真摯に、説者の心からの領解・味わいを語れば、感動が伝わる

―場合によっては適当な「法話集」《例えば本書》を朗読し、感話を加えることもよい

―月忌まいりのような場合には《例えば本書》を事前に配っておいて、毎回一話ずつ取り上げるのもよい（例：朗読・鑑賞・批評・感想・質疑応答など）

このような5つのねがいをもってささやかな活動をしております。本書が、「古今法語集」（次頁参照）に次ぐ第二の出版として、いささかでもねがいに近づく縁となれば幸いです。

現代に真宗の勤式を考える会のプロフィール

・会　発足　　平成一〇年一月
・真宗教団連合へ友引等習俗問題検討の提案と調査実施（平成一〇—一一年）
・「葬儀・年回忌用　古今法語集」の編纂・出版（平成一一年・永田文昌堂）
・毎月三部経等の輪読会で研修。
・毎年法縁を求め研修旅行実施。
・会員　二〇余名（代表　藤枝宏壽）
・事務所　福井県越前市押田二—八—三一　了慶寺内（〒915・0083）
電話・Fax　〇七七八—二二—一二五四
E-mail 〈kojufjda@mitene.or.jp〉

※増補版注　「現代に真宗の勤式を考える会」は以上のような精神で活動をし、それなりの成果を上げたが、平成二十二年で一応休会とした。但しその精神活動は継続中。

増補改訂をおえて

このたび本書の増補改訂をおえてふと心に思い浮かんだのは「知進守退」という曇鸞大師の『浄土論註』にあるお言葉です。その意味は「進んで衆生を済度することを知り、小乗の自利主義に退かないように身を守る」ことだといわれていますが、今特に「守退」の二字が胸に響いてきます。「小乗の自利主義」とは、声聞・縁覚等、二乗といわれる人たちは自分のさとりだけを求め、他の衆生を救おうとしないこと。そういう「自分の利」のみに陥いる（退歩する）のを防ぐ（守備する）べきだと誡められているのです。

本書の初版が出たときはまだ筆者も物書き始めの頃でした。「書けた！」「褒められた！」と自惚れていました。一種の「自利」に満足していた、退歩していたのです。ところが、今回つぶさに見直したところ、いくつもの誤記や不備・不足が見つかりました。慌てて増補改訂しましたが、冷や汗が出ています。果たしてこれで「守退」できたのだろうか？　果たして「知進」に向かっているのだろうか？　省みて内心忸怩たるものを禁じえません。

ご縁あって本書をお読みくださる各位にお願いします。筆者の至らぬところは、どうぞお慈悲をもって補い、誤ったところはご賢察をもって正し、ご海容ください。もし何かお聞かせいただくことがあれば電話、メール（114頁に記載）なりとご連絡賜わりたく、ご高見は謹んで知進への糧とさせていただきます。

最後に、本書の上梓に際して適切なご助言、綿密なご校閲をいただいた梶原佑倖師、また出版にご腐心いただいた永田唯人氏に深く感謝の意を捧げて結びといたします。

平成二十九（二〇一七）年二月十五日

著者　識

著者：藤枝宏壽（ふじえだこうじゅ）
昭和８年　福井県越前市生まれ
真宗出雲路派了慶寺住職
略歴：京都大学（英文）卒業
藤島高校、福井工業高専、福井医科大で英語教授、仏教大学仏教学科修士課程終了
著書：『〝ぐんもう〟のめざめ』『子どもに聞かせたい法話』（以上、法蔵館）、『阿弥陀経を味わう三十六篇』『いのちの感動正信偈』『Dewdrops of Dharma』『いただきます』『帰三宝偈・勧衆偈の味わい』（以上、永田文昌堂）、『聞の座へ』（探究社）、『老いて聞く安らぎへの法話』とＣＤ（自照社出版）、他。

一口法話　阿弥陀経を味わう三十六篇　増補改訂版

平成二十九（二〇一七）年四月三日　印刷
平成二十九（二〇一七）年四月八日　発行

著　者　藤　枝　宏　壽
発行者　永　田　　悟
印刷所　㈱図書印刷　同　朋　舎
製本所　㈱吉　田　三　誠　堂
発行所　永　田　文　昌　堂
600-8342　京都市下京区花屋町通西洞院西入
電　話　（〇七五）三七一―六六五一番
ＦＡＸ　（〇七五）三五一―九〇三一番

ISBN978-4-8162-5057-6 C1015